給

喬・安・博普・艾倫德

（Jo Ann Bope Allender）

你是我的開始

給我生命

獻出關愛

我的母親

靈修著作精選

與上帝一起
編寫你的未來

尚待揭曉

艾倫德 著
黃東英 譯

▼

靈修著作精選

尚待揭曉

與上帝一起編寫你的未來

To be Told

God Invites You to Coauthor Your Future

作者
艾倫德 Dan B. Allender

譯者
黃東英

責任編輯
李慧儀

裝幀設計
奇文雲海 · 設計顧問

■

出版／發行
基道出版社
香港沙田火炭坳背灣街26號富騰工業中心1011室
LOGOS PUBLISHERS
Unit 1011, Fo Tan Ind. Centre, 26 Au Pui Wan St., Shatin, Hong Kong
電話：(852) 2687-0331　傳真：(852) 2687-0281
網址：http://www.logos.com.hk

承印
陽光印刷製本廠

●

10/2009 初版
Cat. No. LP634
ISBN 978-962-457-385-5

Originally published in English under the title:
To be Told by Dan B. Allender

Published by WaterBrook Press, a division of Random House, Inc.
12265 Oracle Boulevard, Suite 200, Colorado Springs, Colorado 80921 USA
All non-English language rights are contracted through:
Gospel Literature International P.O. Box 4060, Ontario, California 91761-1003 USA
This translation published by arrangement with WaterBrook Press, a division of Randoom House, Inc.

Printed in Hong Kong

刷次	10	9	8	7	6	5	4	3	2	1
年份	2018	2017	2016	2015	2014	2013	2012	2011	2010	2009

這書有賴很多人的參與才得以面世，正如很多人的參與形成了我的故事。就出書這件事來說，未能指名道姓跟未能記住是兩碼事。指名道姓是指把不可磨滅的銘謝剖白出來。我向以下各位致謝：

- 我的經紀人馬特．鮑爾（Matt Baugher）：你給予了我無限的笑語、智慧、細心照顧。謝謝。
- 我的出版人唐．佩普（Don Pape）：勇敢的人！你終於放棄了金錢，為上帝而活。
- 我的編輯榮．李（Ron Lee）：你的仁慈和博學編織了一個聲音，比我自己所能發出的更強。
- 辦公室主管琳達．布絲（Linda Busse）和薩曼莎．格雷姆（Samantha Graham）：你們的離去使我心痛。你們的關懷為我的生命刻下了最美善的印記。

- 睿智的導師阿莉森．貝克（Allyson Baker）：你透過篤誠的信仰和對我靈魂的關愛，無數次呼喚了我去飛向上帝的面前。
- 馬斯希爾研究院（Mars Hill Graduate School）的同事和董事局：我們在上帝的呼召下創作了一個何其美好的故事！謝謝你們對我的扶持！
- 波特蘭的日落長老教會（Sunset Presbyterian Church）：有賴你們的熱情邀請，讓我得以講述本書的內容，使它初具雛形。
- 以斯帖計劃（Esther Project）：勇敢的女士們，同犯們，既有智慧又危險的朋友們，謝謝你們閱讀故事，呼喚我參與一個超越了我的夢想和懼怕的故事。
- 伊莉莎白．特納奇（Elizabeth Turnage）：啊，為了榮耀而彼此撰寫故事，是件多麼充滿驚喜和恩典的禮物！
- 川普．朗文（Tremper Longman III）：一如既往，你拍拍我的肩膀，就打開了一切美好的故事。你從一開始就了解我，願我們的友誼永遠長存。
- 安妮（Annie）、阿曼達（Amanda）、安德魯（Andrew）：你們是上帝的應許，是上帝的禮物，使我能夠懷著盼望來注視你們故事的發展。
- 麗貝卡（Becky）：你永遠是我的最愛，無人能及。永遠超出我的想像，超出我可以理解或渴望的。在你以外，沒有別的故事，在你的造物主以外，沒有別的原因。我讚美創造你的上帝，祂也創造了我，讓我跟你故事的榮耀緊密相連。

目
錄

第三部分：撰寫你的故事

你的故事是甚麼？

如果我叫你講一講自己的故事，你會講甚麼？你會講述自己的工作壓力嗎？你會講述自己在哪裏上大學嗎？你會跟我說：「與你無關」嗎？

每個人都有一個故事，或者換句話說，每個人的生命**就是**一個故事。然而，大多數人都不知道該怎麼樣閱讀自己的人生，藉以了解自己的人生故事。他們錯過了生命的深層意義，也不太知道上帝怎樣透過編寫他們的故事來彰顯祂自己和祂的故事。

也許你認為這些事情無關宏旨。讓我舉一位朋友的處境為例。他正在為事業的前路舉棋不定。他列出了一連串正負的影響。無論他作出甚麼決定——是另謀高就還是留守原位——他將面對的得與失都是一樣多。他說：「這些影響就算是按照我的價值觀和夢想來衡量，仍是難分高下，跟我擲硬幣來決定沒甚麼兩樣。」

不過，我的朋友忽略了自己的故事，而只有這個故事才能給他一個決策方向。他沒有想過上帝對他生命的創造。他雖然知道上帝在掌管他的生命，但卻不明白上帝在他的生命——及在我們每個人的生命中持續不斷的創造工作。

我問：「哪一個決定最能讓你貼近上帝編寫你生命故事的原意來生活？」

朋友一臉茫然。我接著問他，有沒有檢視過生命，看一看上帝編寫的他的人生究竟顯明了怎樣的故事、怎樣的主題、怎樣的情節。他仍然注視著我，好像我是外星人。

他問：「我為甚麼要檢視生命？每件事發生時我都在場，有甚麼可檢視的？」

這位朋友聰明、誠懇、善良，也感知上帝的存在；他深愛妻子，也願意在人生各方面，如健康、理財、與子女的相處、靈性等等，都循規蹈矩。然而，他認為閱讀自己的故事毫無價值。

我們大多數人寧願花時間查閱地圖，以防自己在旅程中誤入歧途，也不願意檢視生命，以備向未來前進。為甚麼我們在準備作出重大的決定時，寧願細閱股市情報，也不願意看一看自己的故事？為甚麼我們寧願閱讀各種評論文章以釐清自己對某一富爭議性的話題的看法，也不願意看一看自己的過去？正是這些過去的經歷塑造了我們最重要的看法。我們在修讀某個課程時，很願意細嚼索然無味的書籍。然而，我們卻不願意花時間閱讀自己的人生，找出關於上帝、關於自己的答案，就是那些讓我們激動、驚歎、靜默的答案。我們花時間進行種種的研究，來衡量各種選擇的利弊，為求找出人生最對的方向。然而，我們卻很少以學生的思維方式，就是以那種積極求學、求智慧，並為將來尋找方向的態度來研究自己的人生。

我們慣於忽視那些能顯明我們怎樣到達今天的境地，以及上帝怎樣帶領我們邁向明天及之後的重要事情。我們自己的人生正是那些影響和塑造了我們的看法、我們的傾向、我們的選擇、我們的決定的重要事情。我們的人生為我們定位，並引導我們進入將來，但我們對它卻不屑一顧，更遑論細加檢視了。現在，是時候細聽我們自己的故事了。

你的生命顯明了甚麼

如果你花些時間跟我一起，我們將探討對你最重要的四個核心問題——即使你還沒有察覺它們的重要性。

首先，上帝不只是我們生命的創造主，也是我們生命的作者。祂透過編寫我們每個人的生命來彰顯自己的上帝聖故事。世上不曾有，將來也不會有另一個生命跟我完全一樣——或者跟你完全一樣。正因為世上只有我這一張臉、這一個名字，故此，世上只有一個像我這樣的故事。上帝透過編寫我的生命故事來顯明祂自己的屬性，即寫我的那位作者的屬性，這對於你來說也是真的。你我的生命不但顯示出我們的本相，也幫助顯明上帝的形象。

第二，你我的生命並不是一幕幕隨便堆砌起來的場景，像把鞋堆進鞋櫃一樣。我們不需要清理舊的故事來放置新的故事。你我的故事都有獨特的人物、出人意表的情節、中心主題、張力和懸疑，以及耐人尋味的意義。每一個人都是引人入勝的故事，但沒有一個是虛構的小說。我們的故事比任何我們所知的現實都真實，而我們每個人都必須探索上帝編寫我們生命故事的意義。在我們的故事中，上帝向我們顯明了祂一直以來的工作，以及祂為我們的將來作的打算。

論及第三個核心問題，事情開始令人振奮。當我研究並明瞭自己的生命故事時，我就可以與上帝同工，成為合著者。我不再安於做自己故事的讀者；上帝讓我進一步參與編寫我自己的將來。上帝讓我接受祂賜予的這個僅此一次的生命，把它按祂勾勒的方向塑造出來。我需要不斷地編寫，向祂編織在我靈魂深處的情節推進。

第四，我們要把自己的故事告訴別人，這是有必要的，也是一種祝福。我們不但認識上帝，並與祂合著我們的故事，也很榮幸地，可以向別人講述故事。當然，上帝是至高的作者。祂的自我彰顯記載於波瀾壯闊的敍事體中，就在祂賜給我們的聖經中，牽動著我們的心，震撼著我們的靈。上帝也用每個人的生命創造故事，就是我們本來就應該向別人講述的故事。我們既有召命向別人講述我們的故事，也有召命傾聽別人的故事。我們既然需要講述，需要傾聽，就要鼓勵別人也去了解、講述、傾聽上帝的故事和人的故事。

上帝正在呼召我們盡力研究、盡情享受、盡意領略最偉大的故事的大能，就是福音的大能。我們也需要邀請別人投入在福音裏面。[1] 我們達到這個目的的其中一種途徑是，先傾聽我們自己的人生故事，再把故事告訴別人。

傾聽你的故事

你是否曾經感到停滯不前，只是機械地轉動，卻聽不見上帝的聲音，對生命失去了熱誠？你如果不細聽自己的故事，就很容易陷入這種境地之中。

上帝滿懷熱誠和渴望地編寫我們的故事，並在我們閱讀、傾聽自己的故事時，向我們顯明我們自己的熱情和渴望。因此，使我遺憾的是，我的朋友正在面臨人生的重大抉擇，卻不先問一下：**我是誰？我最適合向別人顯明上帝的哪些屬性？我怎樣才最能活出這種生命意義？**我的朋友沒有傾聽過自己的故事，沒有從中得到關係著將來的決策方向。

使我感恩的是，這位朋友最後接納了我的愚見，回答了我讓他考慮的一連串問題。你翻閱本書的時候，也將需要回答相同的問題。你必須先研究自己的故事，才能回答這些簡單的問題。你必須細聽刻在你生命中的喜怒哀樂，也必須從中找出上帝寫在故事中的意義。

我邀請我的朋友參與上帝的工作，來編寫他生命的下一段、下一頁。我也邀請你這麼做。請允許別人閱讀、編輯、批評你的故事，跟你一起共得上帝透過你參與編寫的故事所彰顯的榮耀。你的故事有助於顯明那個最偉大的故事，那就是上帝藉以彰顯祂自己的故事。上帝願意我們為了那個比自己的故事更有榮耀、更加偉大的故事而活。

因此，請正視上帝賜給你的生命故事。現在就開始閱讀你的人生，因為你的故事將激勵我們所有人的生命。

編寫你的故事

你不但要聽，也要寫你的故事。至少，你要為自己的故事起名。起名不只是說：「父母不太理我，我覺得像個孤兒」或者「我的童年很快樂，所以我長大以後才嘗到生命的苦頭」。

我身為心理治療師，在工作中往往聽到以上的話。當我讓對方講述一些生命的故事來作為這些話的依據時，他們的眼神充滿疑惑。那表情就好像我在要求他們用一種波斯語來解釋相對論一樣。

我們如果能夠承認過去的傷痛、失落、委屈，那麼，我們就不難說出在生命中印下羞愧、憤怒、空虛的傷痕的每件事之前，日子是怎麼過的，就不難解說這些階段中的人生主題，也就能細述每件傷心事發生時的場景，即當時的聲音、話語、影像、味道了。

我們很熟悉自己的故事。不過，我們卻還不知道熟悉的程度有多深。

你的故事給你自己的生命帶來力量，也給別人帶來力量和意義。我需要你的故事來牽動我，使我流淚，促使我提問一些難題。我願意跟你一起哀痛，一起迎接救贖的盼望。不過，你如果不分享自己的故事，就不能達成這些目的。你如果不了解自己的故事，就不能拿來分享。你如果不用心編寫自己的故事，就不能真正地了解它。你如果還沒有跟已為你寫下生命篇章的真正作者摔過跤——當中有很多篇章你並不喜歡——就不能編寫一個真正輝煌的故事。

我們不願意講述一個自己不喜歡的故事，而我們往往並不喜歡自己的生命故事。不過，請想一想：你如果不喜歡自己的故事，其實就是不喜歡故事的作者。或者，反過來說，你如果喜歡作者，就一定喜歡祂編寫在你生命中，為你生命而寫的故事。

在我們為了別人的益處而活出自己的故事之前，先讓我們回應生命故事的作者，來分享祂賜下的喜樂吧。我們如果能夠了解自己的故事，然後告訴別人，就能發現自己生命的最深層意義。我們將找到藏在我們故事中的作者，也將明白祂所構思的、想讓我們每個人顯明出來的榮耀。

讓我們現在就懷著這個美好的意願出發吧。

第一部分

你的名字和你的故事

第一章

要講述的故事

按照上帝已寫下的閱讀你的人生

我真想知道，我們掉進了甚麼樣的故事裏？

山姆，《魔戒三部曲》

山姆（Sam）說：「是啊，確是這樣。如果我們出發前就知道這裏的情況，就根本不來這裏了。我覺得世事總是這樣。佛羅多（Frodo）先生，那些傳說和歌謠裏的英勇事迹，我以前稱它們為探險。我以前覺得，是故事裏的偉大人物主動去尋求探險的，因為他們想要探險，因為生活有些單調乏味，而探險是件刺激事兒，像是一種娛樂。但是，真正重要的故事或讓人印象深刻的故事卻不是這樣的。故事裏的人物往往好像剛巧被放進故事裏，或者你可以說，他們要走的路已經鋪成那樣了。」[1]

這正是人生的真實寫照。上帝在不斷地寫故事，但祂並不讓我們預先看下一章，而是讓我們看以前的篇章，從祂已經寫下的生命故事中找出我們的人生意義。人生是在我們眼前慢慢打開的故事，使我們不能預見未來。我們不知道最後的結果，甚至不知道下一個情節的轉折，直到我們身處其中為止。

在《魔戒三部曲》的《雙城奇謀》中，山姆問佛羅多：「我真想知道，我們掉進了甚麼樣的故事裏？」

佛羅多回答說：「我也想知道，但我也不知道。真正的故事就是這樣。回想一個你喜歡的故事。你可能知道或猜到是甚麼樣的故事，是有圓滿的結局還是以悲劇收場，但是故事裏的人物可就不知道了。其實，你也不想讓他們知道。」[2]

我還記得頭一次閱讀這段文字時的感覺：不寒而慄。我從來沒有耐性或智慧把托爾金（J. J. Tolkien）的名著《魔戒三部曲》從頭到尾看完，但我把根據小說改編的電影看了兩遍。不過，這些文字就算從小說裏抽離出來看，仍使人心寒。

這段描寫佛羅多的觀察的文字真實而有力，是一位好朋友電郵給我的。我跟他多年來並肩作戰，幾經辛苦成立了一間學院。那些年裏，我們經歷了損失、疲憊、困惑、背叛、失敗、不配的恩典，以及上帝的同在。我如果一早知道這趟旅程的種種，就根本不會展開旅程了。不過，一想起我在過程中的經歷、我內在的轉化、我對將來的預備，我就毫不後悔付出了這麼高的代價。

正如佛羅多所說，故事中的人物並不知道這個故事到底是怎樣的。我們可以去猜想，但只有作者才知道結局。

你的作者是怎樣的？

你是一個故事。你不僅是一連串故事的擁有人和敍述人而已，還是一個佈局嚴謹、立意明確的故事，而作者則是古往今來、甚至時空以外最卓越的作者。故事裏每句話的份量，只要你相信了，哪怕只是一瞬間，就能使你生命的軌道改變。事實上，這些話語呼喚你來與作者合著，當中的範圍之廣、意義之深，足以令你瞠目結舌。

上帝是造物主，我是受造物。我說這句話的時候，相信沒甚麼人反對。所有持一神論的宗教信徒都相信：上帝是造物主。我們把上帝看作是造物主的時候，我們把自己放在一個與其他實體比較的位置上。我們是一種受造物，就像星星、海洋、蜈蚣、南瓜也是受造物一樣。除此之外，我們的裏面有祂屬性的印記。堅信創世記一章所述的權柄的人認為，人類有著獨特之處，把自己與其他受造物區分開來，無論這些分別是大的還是小的，是奇特的還是滿有榮耀的。男人和女人都是照著上帝的形象造的。[3] 人類是上帝創造的巔峯。

上帝是陶匠，我們是泥土。英文字「human」（人類）一詞源自拉丁文「*humus*」，意指「泥土」，正好道出了我們的出身。我們是泥土。亞當（希伯來文為「'*adama*」）這個名字的意思是「紅色」，是泥土的顏色。上帝把我們塑造成形，來彰顯祂自己的屬性。上帝非常願意彰顯自己，並且願意透過呼喚我們去祈求、尋找、叩門，來邀請我們參與祂自我彰顯的過程。上帝常常引導子民與祂同行，一起完成創造的過程。我們不僅是用以彰顯上帝榮耀的軀體，還是參與創造榮耀的生動故事。

你故事的人物是怎樣的？

要開始認識你的故事，也許最好是先了解其中的人物——不論是主角還是配角——即在故事中出現的人物。我從自己的經歷中知道，這樣來開始最好。具體來說，我必須認出自己人生中最重要的一個人物，因為我的故事跟他一起埋葬了。這個關鍵人物就是我的生父。

我的故事始於十九歲的時候。我打開媽媽的壁櫥，取出一盒照片來看的時候，發現了一張家庭照，裏面有媽媽、一個約三歲大的男孩（我），以及一位我從未見過的男士。他的面孔把我懾住了。

呈現在眼前的是一個男孩，是我三歲時的模樣，旁邊是一位男士，像是我長大到三十歲時將變成的模樣。這個發現令我不知所措，就像掉進一個地洞，最後走進一個國度，剛探出頭來，就聽見紅心王后在叫：「把他的頭砍掉！」

我拿著那張照片去廚房問媽媽：「我知道這個是你，這個是我，但這個男的是誰？」媽媽神態自若，就好像我是在問她要不要幫忙倒垃圾。她回答說：「是你爸。」

我覺自己像個傻子一樣。不是沒有智力，而是呆住了，就好像是從梯子上掉了下來。講述一個人如何從梯子上掉下來，需要一點點時間，但要是真的從梯子上掉下來，只需踩空，緊接著就是墮下，中間根本沒有時間。然而，跟任何創傷事件一樣，時間就像在這墮下的一刻凝住了，人還沒意識到發生了甚麼事，已聽見「呯」的一聲。

我呆站在廚房裏，電光火石之間好像已經掉在地上，受了傷，但是在此之後，我需要三十個年頭才搞清楚是怎麼一回事。

我指著那張媽媽說是我父親的面孔，說：「你是指正在樓上睡覺的那個？」她說：「不是，他是你繼父。照片裏的那個是你生父。」

我接著問了一大堆問題，又聽了媽媽的回答，最後聽得心裏再也裝不下了。頃刻之間，我的生命成了一齣鬧劇，又充滿了神祕。我剛發現了一個真相，它比我說的任何謊話都更離奇。我不是我自己。我的名字不是我本來的名字。我的面孔不是把我養大的父親的面孔，卻屬於骨灰躺在一個小盒子裏的另一個父親。當天晚上，我吃了很多鎮靜藥，希望我生命的碎片隨風飄散，就像我那已焚毀的名字的灰燼一樣。

那件事發生在三十一年前，但我在去年才開始問：「我的父親是誰？我的名字是甚麼？為甚麼我的故事這麼深沉而古怪？我真的相信上帝不但寫了我的故事，還喜歡我的故事嗎？我如果相信上帝是我的主宰、我的作者，我將變成甚麼樣子？是否祂是作者，我只是充當譯者，把故事翻譯成另一種語言？」

其實，這些問題還重要嗎？

我只確實地知道一件事：我需要找到父親。我需要找出他的埋葬之地，找出其他在世的堂親或其他親戚。我需要知道自己的故事。我這麼做還有另一個原因，就是基於一個深刻而重要的神學問題：我是誰？我是「我」的意義是甚麼？

我並不是在鼓吹回歸二十世紀六十年代，尋找自己的身分、自己的滿足感。這次的尋索不是為了自我滿足，卻是為了講故事。找到自己並不足夠，最重要的是為了自己的故事而尋索。我不是非找到自己不可，而是非找到上帝不可。祂安靜、熱切而有智慧地在我的故事裏等待著。我必須做的就是祈求、尋找、叩門。

我要重申的是，我必須先認識那些塑造了我性格的人物，才能明白我的故事。我需要知道誰跟我同場演出。人物往往很明顯：我們的父母、手足、配偶、導師、施虐者、朋友等等。不過，有時候，重要的人物是由我們所知甚少的祖父母扮演，或者是站在台後陰暗處的一個人、一個家族祕密。

我們由生命中的人物所界定。人物上場，唸出他們的對白，然後留在台上，或者離開。我們在自己的故事裏並非最重要的角色，但就幾乎永遠站在台上。我們只有認識舞台上所有的主角和配角，才能真正認識我們故事的作者，以及故事的意思或情節。[4]

你的故事情節是甚麼？

希臘哲學家亞里士多德（Aristotle）認為，每個故事都有開頭、中間、結尾。一些博學之士則認為，故事毋須按此次序敍述。不過，亞里士多德提出的簡單結構仍然界定了故事的性質。[5] 故事有首行、首章、首幕，而這種開頭未必跟我們的出生相脗合。我們的故事由生我們的人開始，包括他們與其父母的關係，以及相關的問題，例如成功與羞恥；權力與虐待；愛、失落、沉溺；心痛與祕密；家族傳説等等。我們的出生是一個開始，但如果沒有祖先，我們就不可能存在。我們的開頭在我們出生以前已經發生了，印下了一些將在我們生命中出現的問題。

母親在我出生之前曾流產九次。這是在我發現自己的養父並非生父時知道的。我是一個備受期待的孩子。事實上，我是在萬分期待下來到世上的。我是母親惟一的孩子。母親的子宮——或者她的內心——已經沒有空間了，不能再承受另一個胎兒帶來的虛耗和絕望。我就是惟一的胎兒。

如果我故事的開頭只有這一方面，也已經足以顯示出母親與我之間千絲萬縷的關係。她是一名戰士，是堅韌不拔的生存者。但是，當我長大後，她非常依賴我，把我看作是她生存的原因。我遠比她的婚姻，甚至生命，更加重要。這就是我人生故事的部分情節。

你跟我的故事，都在我們出生時墮入的關係網中形成。我們故事的情節既涉及了我們出生時的年代或獨特的處境，也關係到從人類始祖墮落後遺傳下來的悲劇，怎樣左右著我們的命運。故事的情節像是旋轉木馬，圍繞著創造後的詛咒，從始至終起伏轉動。請記住，故事的敍述有開頭、中間及結尾，但未必是按這個次序展開。

在很多方面，我們的生命故事就是人類的故事，講述了我們怎樣成形（創造），怎樣失足（墮落），怎樣尋回上帝為我們寫下的名字（救贖），以及結局怎樣反映出上帝故事的偉大布局（祂的再來）。我們的故事滿載著個人悲劇所引起的傷痛、夢想、渴望，這些事情浮沉於人的墮落與上帝的救贖之間，最終把我們帶向上帝的榮耀。

悲劇和張力

每個生命都含著一個詛咒，是亞當和夏娃因聽信魔鬼的謊言而背叛上帝所導致的。人類歷史上最戲劇化的時刻，除了是另一位上帝的兒子釘十字架施行拯救外，就是這名上帝的兒子亞當的墮落，他把人類推進痛苦、失落、傷害的深淵。每個女人都必須獨自地懷孕生產，每個男人都必須徒然地奮鬥。這一幕已經寫在地球的故事中。

亞當和夏娃的愚蠢行為使我們都被逐出伊甸園。我們流落異鄉，知道家園已失。我們在落泊之中常常要掙扎求存。我們尋求回到伊甸園，以及我們在未反叛之前本來可以享受的與天父的親密關係。與此同時，我們試圖了解地上的父母，也試圖了解我們的年代、我們的面孔、我們的名字。

換句話說，我們試圖了解我們的故事。

一位智者曾經說過：「患難把我們介紹給自己認識。」患難的形式層出不窮。絕症的診斷把我們帶到死亡面前。當我們知道自己真的會死時，就會產生新的看法，人生起了波浪，使我們重新編寫以前以為是重要的人生情節。把我們介紹給自己認識的，除了是絕症以外，還可能是意外的驟變——擾亂了常規，強迫我們去留意、研究、反省、抉擇。這種改變驅使我們寫出心底話，因為我們的白紙和筆墨所剩無幾。

就算悲劇不涉及身體的死亡，也涉及一種對平安（*shalom*；又譯作和諧）的破壞，也是一種死亡。離婚是死亡；性虐待是死亡；一段關係裏的背叛、失去工作、婚姻中的衝突、交通意外、疾病，或者失去人生的意義、盼望或喜樂……都是死亡的一種形式。在聖經中，上帝清楚地說，叛逆的結果是死亡。死亡在所有悲劇的中心出現，也在每個人生故事的核心出現。

只有死亡能引發張力，而張力正是任何引人入勝的故事必須具備的元素。沒有張力的故事平淡如水，是一個沒有起伏、沒有活力的生命。生命離不開張力。就算是一個毫不起眼的人，一個每天花四個半小時看電視的人，也被其他人故事中的悲劇和張力吸引著。這種吸引力使我們對處境喜劇、通俗小說、實況電視節目、別人背後的閒言閒語等等百看不厭、百聽不厭。沒有了悲劇中的各種刺激、迷惘、熱誠，我們就沒了生命。

張力生存於已知與未知之間的空隙中。我們從已知開始出發，無法抗拒地被吸引到未知的境地。我們生性好奇。我們生下來就要成長，而成長的過程把我們拉扯到我們的安舒水平以外。安舒是沒有張力的狀態，而成長要求我們在陰沉朦朧、危機四伏的水裏向前游。我們想要探險，但卻沒人能保證我們在探險的時候不受傷害。我們喜歡驚險刺激的事情，但卻只限於有退貨保證的範圍內，即保證在玩完遊戲之前，所有問題都能迎刃而解。

但是，生命並非如此。安全的風險是不存在的。成長並不附帶成功的保證。張力就像我們每天呼吸的空氣一樣。

你故事中的悲劇

生命，無論你認為是多麼的可以預知，仍然有發生悲劇的可能。一個小孩可能在騎單車往安全的社區游泳池途中，被酒後駕駛的司機撞倒。悲劇必然地送上門來。這就是人生。

當我們試圖改變死亡的滋味或思想其中的意義時，悲劇就為我們的故事帶來推動力。事實上，我們往往能超越悲劇。我們每個人都是獨一無二的。我們擁有獨特的名字、面孔、身體，就算所遭遇的悲劇跟別人一樣。兩名少女都因父親意外溺斃而面對悲劇，但她們的悲劇是否相同呢？她們的人生是否都被這種猛烈的衝擊而烙下印記呢？兩個問題的答案都是「是」。

但是，如果其中一名少女是被父親性虐待的，而另一名少女的父親則是慈父，情況又如何？我們的故事常常有著作者賦予的獨特情節。我們應付生命中無法避免的痛苦時，我們的應對模式慢慢發展成為人生的主題，影響著我們如何與外界交往，也影響著外界如何與我們交往。

被父親性虐待的少女在喪父後可能與外界斷絕來往，住在新的美好生活的幻想裏。由於以前遭虐待，她因父親的消失而舒了一口氣，但是她變成孑然一身，因為世上只有父親一人理會她。她在矛盾之中，想脫離殘酷的現實，於是埋首於書籍之中尋求釋放、意義、希望。她與悲劇角力的時候，就發展出一套應對模式，例如獨處、內省、閱讀或寫作的習慣等，成為生命的印記。

這名少女長大後不會在怪物卡車（monster-truck）越野賽裏找到終生伴侶，也不大可能有興趣攻讀一個工程學位。應對模式漸漸演化為主題，開始界定我們是怎樣的人，而這種界定往往產生新的經驗，來印證我們是怎樣的人。

我們想要了解自己的故事，就要知道我們的悲劇，而當我們反思悲劇的時候，就能察覺我們刻下是怎樣處理張力的。生命中不斷重複的應對模式久而久之成為主題，這些主題把我們限制在框框裏，就算別人一眼就能看出來，這些主題只不過是我們的個人偏好或渴望而已。其實，我們並非全然屬於自己，也並非僅屬我們的遭遇導致的結果而已，怪不得閱讀我們生命的故事是如此困難的事。

然而，我們正是在故事情節中找到意義。並且，如果生命的軌迹並不如意的話，只有情節這部分我們能有改寫的餘地。我不能改變故事中的悲劇，也不能完全地刪除故事中的人物，不過，我卻能寫新的情節。想要改動情節，我需要先以新的模式來應付生命的悲劇，藉以發展新的或另外的主題，使我成為自己生命故事的合著者，也成為自己將來生命的編輯。這樣做的話，我就成為更偉大故事中的人物，一邊推進情節的發展，一邊活在充滿張力和悲劇的現實世界之中。想要改動情節，我們需要先了解它。

你在編寫怎樣的結尾？

一個故事的結尾可以是出色的，也可以是粗陋的。有些精彩的小說能吸引我一直看下去，但是看完幾百頁後到了結尾，卻使我後悔看了這個故事。不幸的是，這種情況在很多「美好」的人生裏出現。安份地過日子、仁慈待人、關心家人、誠實地過活，這些並不足夠。出色的結尾不僅僅局限於講一個教訓或道理，也不僅僅局限於化險為夷、化悲為喜。

出色的結尾不一定是安全或稱心的。它只需要把故事帶到圓滿的境界，就像甜品一樣。精心炮製的一頓美餐最後往往由可有可無的甜品作結。甜品營養不多，熱量卻很高。它是完結部分，是最後的享受——就像生命的一個出色結尾一樣。結尾的用處在於使之前發生的事情變得格外迷人、格外充實。當你想著結尾的時候，千萬別把它看作是一個人的死亡。

死亡並非結尾

我們總以為自己不能死，因為還有太多事情要做。我們要養兒育女，要達到目標，要完成記事本上的一大堆事務。大家都很自然地避免思想自己的死亡。但是，我想說的不只是「我不願意面對生命終將結束的事實」而已。其實，更難面對的問題是：「我的生命真的有意義嗎？」

我無論怎樣試圖逃避死亡的現實，都清楚地知道，我將死掉。我真的知道自己生命的原本意義嗎？事實上，在這些問題上，基督徒往往是最難溝通的人。他們知道前面有天堂，生命可貴。他們堅信這一點，以至不容自己懷疑或反問自己生命的意義所在，因此他們不檢視生命。

他們的假設很簡單：我只要好好地生活，關愛子女，努力工作，支持家長教師會、教會和子女的活動，我的生命也就不錯了。然而，這是上帝眼中的出色結尾嗎？這個結尾不算差，但卻缺乏了真正出色的結尾的要素：投入與犧牲，熱誠與流血。

我們每個人都有責任編寫自己的故事，包括結尾在內。好好地生活與好好地編寫之間的分別是：編寫故事需要我面對事實，那就是，初稿是一團糟，需要大幅地修改，也需要更多的坦誠、深度和熱誠。然而，對於大多數人來說，好好地活就是指盡力地按文化標準來活。我真的願意去追尋遠比「做一個好人」更深遠的意義嗎？我準備好擁抱生命的真正意義，並向圓滿的結局邁進嗎？

出色結尾的意義

我遇過很多卓越的人，當我問及他們在家庭和親友圈子以外的生活有多重要時，他們對我的問題不屑一顧。當我再追問，他們的生命是不是一個正向圓滿的結尾推進的故事時，他們不屑的眼神變為詫異，充滿了懷疑。他們不是為了上帝的故事而活，卻只是在不停地應付生命中各種難免的處境。換而言之，他們讓環境來編寫他們的故事，而故事的作者卻無法參與其中的過程。

一個不錯但卻沒檢視過的生命流於履行職責，卻無法歡慶當中的荒謬之事、充滿諷刺的巧合、我們身為塵土的樂趣。記住，我們是泥土。亞當得「泥土」之名並非偶然。

為甚麼我們不能把生命看成是一個偉大的故事，讓它的結尾發人深省、改變生命呢？我的生命是一齣戲，最後的結尾能總結之前的情節，並使它們完整。我怎樣選擇過一生，就會怎樣為自己的生命寫下結尾。

我們蒙呼召，要按照原作者已預先鋪陳的主題來合著故事的結尾，要拿起筆來跟隨祂。有主權的作者讓我們在故事中有份發言，是何其謙卑的事！祂不但想要我們參與編寫故事，還為我們加油助威。祂編寫故事，允許我們參與合著，並從中得到榮耀。這種令人驚歎的安排本來是不可能發生的，但如今卻實現了，怪不得我們拿起筆時需要信心。

我故事的結尾是：我如何朝著一個目標前進，而這個結尾值得我為它生，為它死。如果我為自己而生存，我的故事就是一個沉悶的自傳，即使我能在驚險的情節中生存下來。但是，如果我為了遠比我偉大的主而活，並且付出過、冒險過、謙卑過、學習過、成長過、收穫過，則我的生命正邁向一個輝煌的結尾。

我的故事能成為矚目的暢銷故事，是因為它不僅僅是說明一個教訓或道理，卻更彰顯出上帝和祂的屬性。一個不錯的生命只能顯示出一切不過不失，但是一個知道自己的情節、人物、場景、對白、主題的生命將顯示出明確而持久的熱誠，能彰顯作者的獨特之處。一個熟悉自己故事的生命能大大地彰顯上帝的屬性。

我不相信上帝非常在意我們能否在事工——或公司、家庭，或任何其他人類作為上面——榮耀祂。我們只需按照祂給我們的呼召來生活，祂的榮耀就能顯明了。我們如果能夠覺察自己的呼召，目標明確地生活，並且滿有熱誠地生活，就更能彰顯祂的榮耀了。我們就是應該用這種方式來與作者合著我們的故事。

不過，我們怎樣才能知道自己的呼召呢？我認為，我們的呼召看來跟上帝給我們的名字密切相關。我們怎樣才能找出自己的名字呢？我們需要研究自己故事的輪廓和裏面的人物、悲劇及情節，才能找出自己的名字及呼召。我們細閱自己故事的時候，就開始了解上帝為我們的生命和結局預備了甚麼。

我們必須負起責任與上帝合著我們的故事，才能知道如何解讀它。我們也必須學習研究已經寫下的篇章，才能知道下一章怎樣接續。我們需要知道自己故事的類型、場景、人物，以及我們的獨特角色和名字。基本上，我的故事召喚我去了解上帝給了我怎樣的名字。

講述你的故事

在每章末，你將看見一些問題，那是用來幫助你深入了解自己的故事的。這些問題摘自本書的習作本。（請參閱習作本，裏面有更多的問題，將引導你講述及編寫自己的故事。）

請從這個角度反省你的生命：你的生命由一連串的小故事組成，每個小故事各有開頭、中間和結尾。「結尾的用處在於使之前發生的事情變得格外迷人、格外充實。」當其中的一個小故事有令你滿意的結局時，你是怎樣歡慶的呢？

你真正的名字是甚麼？

別人給我們起名，但只有上帝知道我們的名字

我們厭物，即我們自身，因為我們終將物故，因為無名之物乃為死亡。也許我們所厭非物，而厭無名。我們終將無名——失去名字——這是我們不惜代價要否認的事實。

海倫·西蘇（Hélène Cixous）

那是我演說生涯中的一件大事。直到今天，我仍不明白為甚麼能獲邀參加柳溪社區教會（Willow Creek Community Church）的基督教領袖會議。我面對的現場觀眾有七千人，觀看直播的觀眾有三萬人。

我和妻子在會議舉行之前的一天抵達芝加哥。我不太緊張，也挺有信心。我要演講的主題是性格與領導才能。我並不是對自己的性格和領導技巧有信心。事實剛剛相反：我很清楚地知道，自己是在不得已的情況下成為學院院長的——領導層裏沒有別人想擔任此職。為了幫學院申

請政府的認可，我們需要在申請表上填寫院長的名字，於是我的名字被寫在上面。

我對於講領導才能這個題目有信心，是因為我要說的是，領袖怎樣經常把事情弄得一團糟。對於我來說，把事情弄得一團糟是家常便飯，所以我講這個題目簡直是輕而易舉。我腦子裏已有大綱，所以很早便睡下了。

凌晨一點鐘，上帝把我叫醒。我怎麼知道是上帝，而不是臨睡前吃的東西把我弄醒？我不知道。但是，我聽見心裏有個聲音說：「起來。」我嗖地一下在牀上坐起來，聽見心裏的聲音接著說：「你的演說大綱孬透了，快起來改一改。」我不知道上帝是否真用了「孬」這個字，如果不是的話，也許是我的潛意識在作怪。

這並不重要。我直覺地知道演說大綱有所欠缺。為甚麼我前幾週沒有發現這種情況呢？這令我費解。不過，在當時的一刻，我的確知道。我打開燈，在桌前坐下來。**我很累，現在很害怕。祢想要我幹甚麼？**我拿出紙張，開始書寫。不到三十分鐘，我寫下了簡潔的大綱。我回到牀上，像嬰兒一樣睡著了。

第二天早上始終要到來。我跟妻子麗貝卡來到會場，沒有太多時間細想自己在幹甚麼。我坐在柳溪社區教會的主任牧師比爾．海波斯（Bill Hybels）的旁邊，妻子坐在我右邊。坐在那裏，我覺得氣氛熱烈而充滿榮光。音樂令人讚歎，話劇也賞心悅目。比爾簡介了上午的議程，而我也倍覺興奮。

我最後一次查看一下演說大綱的時候，把眼鏡推上頭頂，本來是打算把它拿下來放在口袋裏的。但是，我還沒拿下來，就聽見有人叫我的名字，一名製作人員在我的肩膀上拍了一下。我別無選擇，只能立刻走上台。

我站在這裏在幹甚麼？我看著幾千名觀眾的臉，心裏想：「**他們準知道我沒資格站在這裏。**」你也許認為我說得太誇張，不過，就在當時，我還沒意識到這句話對很多觀眾來說確實是真的。在近一年之後，一位牧師跟我說，當他看見我蹣跚地走上台，眼鏡推上了頭頂，右邊的褲腳塞在皮鞋裏，就對一個同伴說：「我知道誰是獲選者了。」

他的語氣裏毫無讚賞的意味。

這些朋友每年都從十個應邀出席會議的講員中選一個人出來，評為最差勁的講員。雖然柳溪社區教會邀請的都是傑出人士中最優秀的人，但是觀眾總會找出一個能力稍遜的講員。於是，這些朋友每年都會猜哪一個是「獲選者」。

我就是這位朋友心目中的「人選」。他深信自己猜中了誰是獲選者。或者，在這種情況下，是落選者。

看來我令他失望了。我的演說很出色。當我坐下來的時候，觀眾都站起來，掌聲如雷。我呆若木雞。海波斯輕觸了我的手臂一下，說我表現出色。他的讚賞令我鼓舞，但我仍需要問一下對我來說最重要的觀眾——我的妻子。

我看著她的眼神，有些害怕。四周的掌聲震耳欲聾，但我看見她滿臉疑惑。她很震驚。我第一個念頭是，我的優異表現一定是把她嚇住了。我戰戰兢兢地問：「我說得還行嗎？」

她把嘴湊到我耳邊說：「我從來不知道你這麼有猶太味。」我每個字都聽見了，但一個也不明白。我大聲問她：「甚麼？你說甚麼？」她重複道：「我從來不知道你這麼有猶太味。不錯，你說得相當好。」

我想：**她瘋了**。我之前並不知道，上帝從創造天地的時候已經計劃了這一刻。祂寫下我妻子的故事，使妻子得以在這一刻在聖靈的催迫下說了這句話。奇怪地，她用這句奇特的評語祝福了我。在我的名字和故事充滿生機、充滿力量、充滿祝福的一刻，她不經意地提醒了我，她並不是完全地認識我。如果這個在世上了解我的人都並不能完全地認識我，我又能了解自己嗎？我明白自己的名字和故事嗎？我認識自己的父親嗎？在光榮的一刻，麗貝卡無法稱呼我的名字，也許不太有智慧地邀請了我去更仔細地聽有一天會屬於我的那個名字——那個上帝在我的故事於世上終結時將賜給我的名字。

名字的力量

我們的名字就是我們的身分。對於我們自己來說，我們名字的音節和聲音比任何其他詞語或聲音都更有意義。人際關係學大師戴爾．卡內基（Dale Carnegie）教人在與別人的對話中，要提及對方的名字最少三次，以結交朋友和影響別人。他發展的這類訓練課程是上千萬美元的生意。人看來喜歡聽見自己的名字。一個很受歡迎的電視處境劇節目出售其場景和地方，宣傳口號是：「你希望來這裏讓所有人都知道你的名字。」跟你一樣，我也希望別人留意我、知道我、歡迎我。我們渴望擁有一個有力的名字。

在古代近東，名字給人賦予了意義，也隱含著對這個人的將來的期望，無論將來真的是「揚名立萬」，還是「寂寂無名」。[1] 名字標記著對這個人的期望，這些期望決定了他在家、在社會的位置。如今，父母很少先研究孩子，再起一個跟他相稱的名字。我們更常見的做法是，先有姓，再起一個好聽、意思又好的名字。希伯來人起名的過程剛剛相反。父母起的名字反映了孩子的獨特呼召和性格。

基於這個原因，很多聖經人物在人生的後期被改名。雅各的名字被上帝改為「以色列」的時候，他應該為此感恩。「雅各」一名意指騙子、狡猾的人、出術的人，也指二手車推銷員。他在出生的時候已經抓住哥哥的腳跟，長大後一直不擇手段地為自己謀利。後來，他跟上帝面對面摔跤，並要求上帝為他祝福，上帝把他的名字改為「以色列」，意指「與上帝較力」。[2] 這個例子顯示出，名字把我們放在人羣中，給我們身分，成為我們將來回應呼召的標記。

我的名字是「丹」(Dan)。該詞的本意是有智慧地判斷，也有「狡猾」或「像蛇一樣」的意思。我直到最近才知道這個意思。不過，幾十年前，一位神學院的朋友給我起了個外號叫「納哈斯」(Nahash)，是希伯來文，指「蛇」。當時我妻子在餐廳工作，可以把未吃的午餐帶回家。第二天，我就吃這些午餐，有時候是牛扒，或是美味的魯賓三文治（Reuben Sandwiches），有時候是火雞加甜品。我的這位朋友則吃著一般研究生的乏味常餐。於是，我就有了這個外號。當時，他並不知道我的前科，也不知道自己給我起了一個跟我多麼相稱的名字。我則知道他的辨別力很強，這個名字確切地描述了我給他的印象。

兩個名字之間

名字的改變把我們指向未來的一天，就是我們將得到一個全新的名字那天。聖經告訴我們，尋求上帝的人有一天將領受新名：「……得勝的，我必將那隱藏的嗎哪賜給他，並賜他一塊白石，石上寫著新名；除了那領受的以外，沒有人能認識。」[3] 我將站在上帝面前，在上帝的溫柔中，在無法言喻的親密中，獲賜新名。除了至高的上帝以外，沒人能講出我的名字。除了愛我的上帝之外，沒人能輕喚我的名字。在今生最痛苦、最迷惘的時候，我們仍要好好地活下去，因為若最後能聽見上帝講我的新名，一切都是值得的。

這段經文也提醒我們，我們已從現在的名字出發，正走向新名。我們刻下正處於兩個名字之間。我們知道自己的名字，但卻不知道將來的新名。人生最大的悲劇是，我們大部分人，包括非常虔誠的教徒，都忘記了一件事，就是我們尚未知道自己的真名。結果，我們忘記了一個真理，就是我們要活出上帝為我們編寫的故事，以至最後找出祂賜給我們的名字。

弔詭的是，我們正去探索的是自己尚未認識，卻最已獲贈的東西。我們每一個人，就算還未認識聖經，或還未掌握已有及未有的概念，都經歷著「我們現在是誰」與「我們將成為甚麼人」之間的張力。我們期望自己成為一個新的人，這種期望既帶來莫大的盼望，也帶來莫名的驚恐。現實實在太嚇人，太令人費解，讓我們難以持守下去，於是我們選擇忘記，轉而投入「好生活」的常規中。我們訂下的目標是做個好人，一個寂寂無名的人。

拉丁文「*mores*」一詞指「常規」，演化為英文「morality」（道德規範）一詞。我們遵循社會的道德規範，使自己獲得接納，而非與眾不同、標奇立異，或者令人不安。在這種舒適但虛假的生命中，我們避開了一些問題的追纏，這些問題在我們抬頭望天的時候就會想起來。在世俗的規範中，我們找到了看上去合適的名字，但我們的直覺讓我們知道，教友、家人、朋友、同事呼喚我們的名字並不是我們最真實的名字。或者，我們也希望能得過且過。

一位傑出的公司總裁在見證中說，人在企業遊戲中迷失自己、失去人生方向是很容易的。他得到一個名字，它把他引離自己獨特的道路。他說：「有一次開車回家的時候，我突然有一個念頭：霍尼韋爾公司（Honeywell）改變了我，多於我改變了它。我建立不了甚麼，也創造不了甚麼。當然，我在領導別人，但我不知道把他們領往哪裏去。我醒悟到，我也被這種遊戲困住了。」[4]

這位男士是企業戰將，讓外表和外在的東西改變了自己的生命。他拋棄了自己的心，戴上了面具，為的是融入公司的文化。他的成功帶來毀滅，真理給了他重重的一拳：「我贏得了世界，卻喪失了靈魂。」

他後來離開霍尼韋爾公司，加入一間較小型的公司做總裁。他作出這個轉職的決定，全賴之前在回家路上的頓悟。我們往往在生命被扯開的時候，才能更容易看穿自己的故事，更清楚地聽見自己的名字。

一定要先有東西叫醒我們，我們才能知道自己剛才睡著了。叫醒我們的東西往往是一瞬間的曝光，讓我們看見，那些引領我們、答應我們有好生活的常規，只不過是幻象而已。令我們瞠目的現實是，我們過著別人的生活，而非屬於自己的生活，這種頓悟像一記耳光打在我們的臉上。我們開始醒悟到，別人給我們起的名字不是最真實的名字。直到此時，我們的故事才真正展開。

即使我們滿懷信心地知道自己的前路，知道人生的使命，但一股痛楚的感覺能驅使我們繼續雙目圓睜，尋找更多的線索、更多的印證，帶我們邁向尚未聽見的新名。我們的故事是關於我們怎樣失去了前路、失去了自己的名字，以及我們怎樣前進，去傾聽作者和命名者的聲音。我們往往因為來自原生家庭的故事和名字而失去了前路，失去了自己的名字。

因父母之名

我出生時名叫丹．布萊斯（Dan Price），而非丹．艾倫德（Dan Allender）。我生父姓布萊斯，很可能是改自德國籍猶太姓氏布利斯（Preiss）。也許這個姓氏對很多親戚來說猶太味道太濃，而他們想更加融入美國白人社會。我擁有這個姓氏只有四年的時間。我對這四年的記憶很模糊，只能偶爾記起媽媽說過的一些往事。我倆都很少提起我們一起度過的頭五年。時而有一些朦朧的影像或場面浮出腦海，但都不是井然有序的，所以我們不能將它們連成一個故事。

我們只記得別人或相簿告訴我們的事，其中的故事凍結在相框裏，成為家族的神話。它們可能是真的，也可能經過加工成為虛構的故事，讓家族成員參照，知道兒女如何符合了家族故事。

我有一位朋友，他從有記憶起就知道，自己從娘胎出來就是易怒、抑鬱的人。他在家中排行最小，有三個姐姐。姐姐們都很疼他，但他卻成了姐姐與媽媽之間拔河的那根繩子。媽媽不喜歡姐姐，爸爸卻喜歡。因此，媽媽把兒子稱為「問題孩子」，以至只有她才能安撫他。

他三十二年來，大部分時間都被標上「易怒、抑鬱」的名號。他是情緒不穩的孩子。他具藝術家氣質，很敏感，天下只有媽媽才能明白他。他與媽媽之間的關係充滿了難堪的親密、輕視和需要。他的名字來自他在家族故事中的位置。我們也何嘗不是呢？

未必每個家庭都像這位母親對兒子那樣具殺傷力。她的暴力之舉可能不是故意的，也不是出於惡，可能是愚行，是出於自我保護的。她在演繹自己的故事，一個由她父母設定的故事，而她父母的故事則必然地源於他們家族的故事。

很明顯地，我們每個人都由各個故事連接而成。當中很多故事都在口傳中軼失了，而傳到我們耳中的故事很少是最引人入勝的故事，因為傳到人耳中的故事是用來隱瞞或淡化那些令人心碎或羞恥的家族故事。每個家族都有它想隱瞞的羞恥之事。在每個家族中，總有不忠的表親、酗酒的姨媽、怪異的叔父、懶惰的兄弟、講閒話的姊妹，或者是不太光彩的父親。在最理想的情況裏，有些故事用笑聲輕鬆帶過便罷。如果有人真的問起這些故事，則欲加隱瞞的知情人士會回以客氣的「噓」聲或者是婉拒。

我們就是在這些故事的海洋中成長起來。我們願意別人怎樣認識我們，就怎樣改動故事的內容來告訴別人。大部分的故事像是一種宣傳口號，最令人悲哀的是，這些不真實的故事是一種虛假資料，就像我那位名為「易怒、抑鬱」的朋友所經歷的故事一樣。他要花上三十年時間才醒悟到，這個名字並不符合上帝賜給他的名字。事實上，我們的家庭給我們起名，卻不知道其中的後果。因此，我們的生命是一個尋回真名的旅程。不過，令人悲哀的是，很多人從不選擇展開這種尋索之旅。

我們大部分人不知道自己前往何方，也不知道為何前進，因為我們忙得沒時間細想。也正因為這樣，我們從未思想過自己故事的主題或自己名字的意思。思想這些東西似乎有些深奧、有些自我陶醉，或者，有些浪費時間。

事實上，研究自己的故事是我們人生中最困難的一項任務。我們應該怎樣傾聽、尋找自己的名字呢？我們應該怎樣閱讀、編寫自己的故事呢？我們應該怎樣以自己的經歷為基礎，設想自己未來的模樣呢？

我們固然是身處故事之中，然而，閱讀並詮釋自己的故事，是我們找出人生意義的首要方法。我們的故事由生命中無數的事件，加上其他來源提供給我們的故事組成。對於基督徒來說，最主要的來源是聖經。

我們可能願意在理論的層面上接受「自己的故事是重要的」這一事實，然而，要我們研究自己的故事來查考生命的軌道，似乎是難於登天。其中的一些困難在於，我們不願意冒這個險。另外，還有一些困難，就是很多事件都隨著時間混合在記憶裏。因此，我們在研究自己的故事之前，需要先了解有關的背景和來龍去脈。

為此目的，我們必須先明白故事的組織與結構，才能深入了解自己生命的故事。為了定清方向，我們首先要來研究一下關於你我名字的一些往事。

講述你的故事

你對上帝將賜予你的新名有一點點的概念嗎？在靈魂的黑暗處，你最怕自己有怎樣的名字？在歡快的盼望中，你最希望自己有怎樣的名字？

第三章

怎樣才算是精彩的故事？

更積極地閱讀你的悲劇

差勁的生命故事最明顯的特徵是，不能讓當事人覺得有目標、有決心，去以較樂觀和堅強的態度活下去。一個失敗的故事不再推動生命，不能讓你覺得活下去是非常重要的。

但尼爾．泰勒（Daniel Taylor）

最精彩的故事之間有著共通點：你也許不喜歡這些故事的情節或結尾，也許看不起其中的一些人物，但仍須承認，它們充滿力量，扣人心弦。

幾千年前，有一位比生命還大的父親，住在地球上一個每天都充滿暴力和騷亂的戰略地區。他曾與上帝摔跤，並仍能活著把這個經歷告訴別人。他給自己十二個兒子起了不同的名字，並且給他們的待遇也不同，這種因兒而異的舉動產生了深遠的影響。他就是雅各，後來改名為以色列。他的故事是上帝寫的。

雅各愛約瑟過於愛他的眾子，因為約瑟是他年老時生的。一天，他送給約瑟一個特別的禮物：一件美麗的彩衣。約瑟的哥哥們見父親偏心，就恨約瑟，不跟他說和睦的話。

一天晚上，約瑟做了一個夢。他馬上告訴哥哥們，他們就愈發恨他……

約瑟的哥哥們遠遠地看見他，趁他還沒有走到跟前，就同謀要害死他，彼此說：「那個做夢的來了。來吧，我們將他殺了，丟在一個坑裏。我們可以告訴父親，就說有惡獸把他吃了。我們且看他的夢將來怎麼樣！」……

約瑟到了他哥哥們那裏，他們就剝了他的美麗彩衣，把他丟在坑裏。那個坑本來是用作儲水的，但當時是空的。然後，他們剛坐下來吃飯的時候，看見遠處有一隊駱駝商隊走過來。他們是以實瑪利的商人，要把香料、乳香、沒藥從米甸帶到埃及去。

猶大對眾弟兄說：「我們殺我們的弟兄，有甚麼益處呢？這麼做只能使我們心生罪疚。我們不如將他賣給以實瑪利人，不可下手害他。因為他始終是我們的兄弟！」眾弟兄就聽從了他。當商人經過的時候，哥哥們就把約瑟從坑裏拉上來，講定二十舍客勒銀子，把他賣給以實瑪利人。他們就把他帶到埃及去了。[1]

你的家庭和你的世界可能挺「正常」，大致上算是快樂的，但是，聖經裏描寫的大部分家庭卻不是這樣。你的生命也許不是悲劇處處，但是，聖經裏的故事卻充滿了愚蠢、嫉妒、瘋狂，使故事引人入勝。「正常」的、可以預知的生命不能吸引我們。一個故事只有在障礙重重的時候才能激發讀者的興趣，而約瑟和他哥哥們的故事絕非「正常」的故事。

荷里活編劇羅伯特．麥基（Robert McKee）有很多高足，他們編導製作了很多膾炙人口的名片如《阿甘正傳》（*Forrest Gump*）、《伊人當自強》（*Erin Brockovich*）、《紫色》（*The Color Purple*）等等。羅伯特．麥基在被問及何為故事的要素時，說：

> 最主要的是，一個故事記述了生命的變化是怎樣產生及為何產生的。故事的開始往往是一個比較平衡的生活處境：你日復一日、週復一週地工作，一切如常。你預期以後的日子也是這麼過下去。但是，後來發生了一件事——以編劇的術語來說，就是「引發性的事件」——使生活失去平衡。你得到新的工作，或者上司死於心臟病，或者一個大客户威脅說要離開。故事發展下去，就是講述主角在設法恢復平衡的過程中，其主觀願望如何被不如意的客觀現實衝擊。出色的敍事人會講述主角如何處理

> 互相衝突的兩股力量，繼而愈走愈遠，用盡資源，作出困難的決定，冒險採取行動，最後終於找出真相。有史以來所有出色的敘事人——從古希臘人到莎士比亞，直到今天——都是在講述最基本的衝突，就是主觀願望與殘酷現實之間的衝突。[2]

精彩的故事所講述的是渴望（「主觀願望」）與悲劇（「殘酷現實」）交戰的情形。當我們的渴望跟現實迎頭相撞的時候，故事拉開了序幕。有時候，現實不是人為的，例如，暴雨引發的洪水沖走巴士，淹死裏面九名往查經營途中的孩童。有時候，現實卻是出於人為，涉及了嫉妒的哥哥們，偏心的父親，一個不應該過分分享自己的夢和渴望的資優但多嘴的弟弟。精彩的故事不能缺少悲劇，就是「引發性的事件」。引發性的事件常常使我們更想把故事聽下去——只要它不是發生在我們自己的故事裏。如果真的發生在我們的生命裏，我們就希望矛盾能夠化解，問題得到解決，而且是愈快愈好！只要故事是發生在別人身上，我們就喜歡它們。

故事並不能提供答案，卻能提供視角。故事像打開了一扇窗戶，讓我們透過它一窺生命的模式。這樣的話，透過窗戶向外望，就能看見更多引人入勝的故事，就能得到更多的智慧。智慧到了最後並不是公式或結論，但卻能使人在世上成就更真誠、更美麗的良善。故事誘人的地方，就是裏面隱含了這種良善。

我們看故事或聽故事的時候，心裏知道它將把我們帶往某處，到了某時某刻就有事情發生，挑戰我們的期望。然後，我們等著看接下來故事將把我們帶往何方。當新的意外或印證出現的時候，我們集結線索，重訂假設，猜想故事的下一個情節。這樣一來，我們並非被動地做故事的受眾。我們看故事的時候，設想情節的發展，也就是與作者合著的一種方式。這種方式也可以套用在我們的故事上。

畢竟，大多數故事都有相似的結構，把我們帶往一個旅程。我們如果留意作者如何建立結構，就能略知故事的類別，以及箇中的故事意義。就如聖經從創世記開始，講到人的墮落，期間經歷了上千年的救贖，最終來到結尾。因此，所有故事都從和諧走向破碎，再走上尋索之路，到達短暫但令人滿意的結尾。故事的每個部分都有特別的風格和內容，講述故事裏的故事。

平安

故事往往以平靜的生活開場。這種平安並不只是一種沒有張力、只有純粹快樂的狀態，而是一種深層的裏外合一的狀態。在當中，各個獨立的部分和諧並進，力量大過各部分相加的總和。這種情形就像出色的大合唱。在國家級比賽中，合唱團各團員都全力以赴，使張力和渴望達到頂峯，他們各自加倍地出力，激發整體團隊，包括指揮在內，攀得更高。在樂章完結時，和諧的狀態更加突出，達致合唱團從未達到過的境界。這就是平安的完滿與動人之處。

平安一般在平靜和無邪的時刻來臨。我在寫上段文字的時候，看見一個八個月大的嬰兒站在媽媽的大腿上，凝望著媽媽的雙眼，撫摸著媽媽的臉龐。她「呀呀」地發聲，媽媽就模仿她的聲音來回應。我停下筆，看著她們。母女之間的無邪、溫柔的嬉耍令人屏息。這種平安的狀態既令人雀躍，又悠閒安詳。它既生動又平靜，能讓心安歇，甚至讓人熟睡，但更能令人驚訝讚歎。

我們都曾經歷過平安，就像坐在祖母的大腿上，把玩她的珍珠項鏈；或者在冬天的早上，坐在火爐邊暖腳，我還記得熱氣流令睡褲鼓起，把我的腳趾頭烤熱。我也記得躺在牀上看圖畫書，直到媽媽叫我吃薄煎餅和暖糖漿的早餐。這就是平安。

在約瑟的故事的開頭，我們看見一種平凡閒適的生活。約瑟是雅各特別寵愛的兒子。雅各年事已高，曾因自己的謀算和對別人的操縱而經歷了重重波折。他現在到了晚年，因這個英俊的兒子而感到安慰，並送給他一件彩衣來表達他的愛。外衣是多彩的，其意義很簡單：約瑟是父親的寵兒。約瑟知道這一點，也享受這種特權。於是，他在哥哥們的面前口出狂言，目無尊長。他任意打破尊重兄長的傳統。對哥哥們來說，約瑟就是「引發性的事件」。他破壞了他們的平安。

平安讓人嘗到伊甸園裏的甜美生活。在這裏，沒有罪，也沒有悲劇、空虛、恐懼。你回想一下自己曾經歷過的平安。想一想那些歇息、安穩、溫暖的時刻。這些時刻可能與生命中一個人、一個地方、一個季節有關，一般出現在學前或小學的時候。對我們大部分人來說，回想這些片段帶來的不是緬懷和愉快的感覺，卻是心酸。那些日子已離我們而去，往往是在平安被粉碎的時候消失的。不過，我們若能記住那些美麗的時刻，就是在我們的故事裏，那些平靜而和諧，讓我們感覺到由伊甸園拂來的和煦暖風的時刻，是很重要的。

我們記住那些時刻，為的是在唉哼呻吟的時候，仍能盼望將來有一天，過去的平安將在主再來的日子重現。我們只要願意珍視以往的平安時刻，就能準備好盼望那更新更好的一天，並且更重要的是，就能以熱誠和決心邁向那天。

平安的粉碎

打碎平安的，是罪、是謊言，也就是對真理的歪曲，使人失去了因赤身露體、坦率、對人信任、誠實而享有的快樂。平安的粉碎並不僅是因為存在著「不好」的事情，因為在伊甸園裏，上帝說，那人獨居不好。上帝顯然想讓亞當先知道孤獨和欠缺的滋味，才能知道擁有和有人陪伴的美滿。欠缺本身並不是悲劇，孤獨的經歷也未必就是打碎了平安。事實上，當我們的尊嚴遭到打擊，死亡到來，進行分裂、破壞的時候，才是平安被打碎的時候。

想一想孩童之間所謂無知的取笑。一羣孩子圍著一個膽小的胖同學：「肥褲，肥褲，你是超肥大屁股！」這些話打擊了小孩內心最脆弱、最要害的地方。這些話打碎了平安，因為罪把信任扯開，讓羞恥的感覺像腫瘤一樣生長起來。隨之而來的結果就是死亡。在每一個故事、每一個生命中，都有死亡的時刻，把我們的名字擄走，再強加給我們另一個名字，例如，寄居者、孤兒、寡婦等等。

我們在失去名字的一刻，就被扔進我們的故事裏。我們失去「朋友」這個名字，被強加上「拒絕」這個名字。在我們失去名字之前的日子裏，我們的故事只在善與惡之間輕輕波動，也許流於枯燥或空洞，但至少是安全的。然後，悲劇闖進伊甸園，我們被趕出和諧之外，失去保護，而生命就從此不再一樣。從此以後，我們的生命不再風平浪靜，不再安然無恙。

約瑟的生命就是這樣的。他一直都算開心，直到出去找哥哥們為止。他顯然並不習慣外面風雨飄搖的世界，但他因某些原因獲准外出。他的短暫行程卻成為轉捩點，使他踏上漫長而痛苦的旅途，流落異鄉。

事實上，遠在這件事發生之前，平安已經被打碎了，因為約瑟的哥哥們一早已經對他懷恨在心。等時機一到，他們就可以害他，而約瑟的生命旅途由此才真正地展開。悲劇往往促使我們的故事向前推進，這卻是平安本身永遠不能成就的。

約瑟遭遇的悲劇迫使他離開父親無微不至的照顧。他從「最可能成功的人」變成被帶上鐐銬的奴隸。這種命運的逆轉、平安的粉碎，使我們失去了身分，逆轉了期望，也喪失了名字所賦予的安全感。約瑟不再是「寵兒」。現在，他成為「卑微的奴隸」。

回想一下你經歷衝擊而喪失名字或搖搖欲墜的時刻。有些時刻極其可怕，例如，令人痛不欲生的性虐待事件；或者，有些時刻很普遍，不易察覺，例如，在遊樂場上被取笑。在任何一種情況下，這些事件都把我們從平安之地推往嚴峻的險境。這種衝擊讓我們清楚地知道，我們孤獨一人，身處險境。我們只剩下自己。

這是我們故事的關鍵之處。我們需要辨別出這些時刻，並且認清它們的場景、人物、對白，以及它們造成的影響。這麼做，需要無比的誠實和勇氣，但能夠推動我們更深入地進入人生的情節，使我們重新幻想並尋索和諧。

平安的尋索

我們被逐出和諧的伊甸園之後，必須考慮如何覓食，如何安寢，如何在地上謀生。很難想像亞當和夏娃在出伊甸園後的第一個晚上有甚麼感覺。人在野外，四周漆黑一片，需要作出一個全新的選擇：**我應該相信上帝是良善的，會保護我、供應我一切所需，還是應該信靠自己？**

尋索平安的過程穿插著一個關於意義的基本問題：生命是否像表面看上去那樣毫無規律、毫無意義、荒謬無稽？還是有迹可循、充滿目的、充滿意義？哪一方會贏——眼中所見的飄忽不定之事，還是心中對未見之事的渴望？如果我們講述的故事乃由其結構賦予了意義，那就意味著我們察覺到，生命並不是那麼難以捉摸。生命誠然是有意義的，不論是多麼模糊、多麼混亂。

對於這種意義的尋索，其後的故事結構建基於誠實、渴望、冒險。

誠實就是承認「我們不再在伊甸園裏」

我們的平安已遭到破壞，我們已被逐出伊甸園。但是，仍有人從來未展開過尋索之旅，因為他們不能徹底地承認，我們已被驅逐，成為孤兒、寡婦，這樣的人為數不少。我們想相信，我們仍是公民，是繼承人，而非異鄉人，或喪父的孩子。然而，直到我們面對現實，知道我們已失去樂園，轉而前望未知之境的時候，我們要活出並編寫的故事才真正開始。我們只有在我們誠實地擁抱失落感和恐懼感的時候，我們的故事才有動力和深度。

我們的渴望把我們的過去與將來連接起來

我們的渴望常常透過夢境表達出來。在約瑟的情況中，夢真的把他拖進了困境裏去。他告訴哥哥們，自己夢見他們向他下拜，這更激發了他們謀害他的心，把他賣為奴隸。

但是後來，約瑟的夢扭轉了他的平安被打碎的局面。他被召出監獄去面見法老王，為他解夢，告訴他上帝對埃及的將來的預示。在我們的故事中，當破壞平安的破口也正是通向救贖之門的時候，我們的故事變得精彩起來。也就是說，約瑟流落異鄉（平安被粉碎）導致他與法老王產生關係（他的救贖）。無論粉碎平安的是我們的缺失還是別人的罪惡，上帝都能把罪化為救贖的榮耀。

這一點是最重要不過的：你的墮落之處也正是你的救贖之始。聖經裏的故事也正是我們生命故事的寫照。信心之父亞伯拉罕被差往異地。他本來安居樂業，生活無憂，但上帝使他成為異鄉客。我們也像亞伯拉罕一樣，被上帝呼召，離開安舒之地。喜笑之子以撒因著上帝的預備而被救贖，免於一死，而我們也將知道上帝的預備。以撒的兒子雅各試圖把救贖據為己有，結果要像祖父一樣流落異鄉。

我們也是亞伯拉罕、以撒、雅各。他們的故事也是我們故事的範本。我們每個人都被召，被救贖，被放逐——而且是一次又一次地。在這個旅程中，我們必須作出與自己被召要扮演的角色相稱的決定。我們不斷地面對路上出現的困難決定時，我們的故事也就慢慢地推進。

約瑟被迫要作出一連串痛苦的決定。約瑟成為法老王的護衛長波提乏的奴僕，贏得了他的信任，但此時，波提乏的妻子誘他同寢。他可以選擇與埃及最有權勢之人的妻子通姦。然而，他沒有選擇放縱情慾，而是掙脱了她的糾纏。當然，這是一個正確的決定，但同時令他身陷囹圄。波提乏的妻子誣告他強姦，他被下在監裏。雖然是誣告，但約瑟仍難免受牢獄之苦。

約瑟的故事愈來愈緊湊。之前，他的驕傲令他被丟進坑裏，但到了後來，他的正直卻令他的遭遇更加危險。

在約瑟的故事裏，敍事人正在告訴我們一些有關生命的事情，也在告訴我們一些有關我們自己故事的事情。祂在告訴我們，生命是難以預測的。「善有善報，惡有惡報」這個簡單的公式是站不住腳的。更真實的説法應該是：「惡有惡報，善也不得善報」。例如，約瑟在尋索平安的過程中，在監裏遇見了兩個命運迥異的人。約瑟又一次大膽地講述真相。就在讀者以為他的噩運即將結束的時候，它卻徘徊不去。約瑟未能獲救，而是繼續坐牢。過了兩年，約瑟的一位前囚友，就是得約瑟解夢，並獲復官的那個酒政，想起了約瑟，並向法老講述了他的解夢能力。

約瑟肯定曾為自己的處境而傷心難過，但是，上帝並不受限於時間。我們的故事也一樣。我們千方百計地為困境找出路。我們想要一個解脱。但是，上帝卻按祂自己的時間展示故事的情節。在我們經月、經年的等待中，我們的故事才趨於成熟。上帝在我們用一生的時間來經歷的故事裏，逐漸把我們的渴望轉向祂。

我們的渴望就在上帝造我們的原意的核心裏，也在我們本相的核心裏。我們的渴望既是我們最大的弱點，又是我們最美之處。我們的渴望使我們與愛我們的上帝合而為一，從而使我們完全，但同時又誘使我們離開祂，違背祂的旨意，以致讓死亡有機可乘。我們的渴望既能致生，又能致死。

我們的渴望也在一個誠實故事的核心裏，又是任何生命中的核心張力。我們如果選擇閱讀我們的故事，也就選擇了走進編寫、編輯我們生命的刺激旅程，去擁抱失落感和恐懼感，去面對夢的破滅，也去迎接對復活的渴望所帶來的美夢成真。

冒險要求我們為夢流血

不必遭受苦難的夢不過是幻想而已。在我們的尋索過程所建基的故事結構中，第三個元素是冒險，就是可能要流血的冒險。實在有太多人錯失了自己的故事，因為他們在不斷觀望別人的故事。我們透過電視、體育活動、雜誌、清談節目來代入別人的故事。這些故事有時給予我們啟發，但常常麻醉了我們。它們使我們不必承認，我們自己的生命沉悶而毫無生氣。它們之所以吸引我們，乃因它們提供毫無危機的生命。它們是死死實實般安全。

幻想通常包含著合理的渴望。如果突發奇想，想著要是一輛汽車從路上向我衝來，我該怎麼辦，或者想著我要是從早已失去聯絡的伯父那裏繼承了一筆巨額遺產，將做些甚麼，都是不足為過的。這些白日夢展示了很多內容，但卻沒有血肉。當我願意跳進冰冷的現實時，幻想才變成生命之夢。我不需要等到繼承巨額遺產後才樂善好施，也不需要有了這麼多的金錢以後，才能擁抱那些編織在我生命裏的熱誠和樂趣。這種行動——這種生活——只需要願意流血的心。

所以，請聆聽那些現在從各方匯集在一起的故事。現在很可能只有幾個站在你生命的台前和台中心的故事。他們涉及的可以說是失落和迷惘，也可以說是很大的機會和風險。無論這些故事是發生在工作、家庭、朋友、敵人、愛情、事業方面，還是發生在玩樂方面，你都可以肯定，那些引發性的事件正在召喚你犧牲舒適和自在，目的是要推進你的故事。我們很容易就忽略了這些引發性的事件。只需打開電視或隨意翻開一本無聊的小說，你就很容易讓自己的故事溜走。

然而，如果我們誠實地承認心裏的熱切渴望，如果我們願意冒險一試，看看自己的渴望能否成真，那麼，我們的生命故事就能帶著更大的原動力向前推進。不過，我們如果想不斷地沿著這條路前進的話，就必須讓自己偶爾休息一下，在每個小故事的結局時為瞬間的高潮而歡慶。

結局

結局（denouement）並不是一個完整或完全定案的結尾，卻是故事最後那令人滿意的完結。Denouement一詞，在法文中是指「一個複雜的結被解開、被舒展」。當故事中所有錯綜複雜的枝節都被理順，以致秩序重現時，就出現了使故事告一段落的結局，而新的和諧景象就由此產生。

約瑟的哥哥們往埃及買糧，把約瑟權傾朝野的故事推向高潮。當時，約瑟只在埃及法老王一人之下，但他的地位高升並不標誌著故事的結局。事實上，故事變得更加複雜。約瑟設計捉弄哥哥們，就像他們當年設計謀害他一樣。他隱瞞身分，向他們發號施令，接下來一連串的事件發生了。首先，西緬必須留在埃及，直到他們把最小的便雅憫帶到約瑟身邊為止。然後，約瑟誣陷便雅憫偷竊，要扣留他，迫使猶大替他擔罪。在這些事件中，哥哥們的驚惶表現出他們確實為以往的過錯而懊悔，約瑟也因而心軟了。他不能再掩飾自己，於是跟弟兄們相認，這只是部分的結局。最後，在錯綜複雜的精彩情節中，故事達到了最終結局：弟兄們跟父親雅各一起來到埃及，一家團圓，悲喜交集。至此，張力完全化解了。不但分離的骨肉得以重聚，而且哥哥們之前的謀害竟成為整個家族的救贖的伏筆。

悲劇摧毀平安和諧，但結局卻邀請我們牢記自己曾經無罪，讓我們夢想更大的救贖的到來。結局是上一章的結束，下一章的序幕。路上總是有轉折起伏。在上一個故事完結時，新的故事就展開了。結局就是中場休息，提醒我們在旅途上暫作停歇——盡情吃喝，載歌載舞，再把自己的故事告訴別人。

所有出色的結尾都讓我們思想最終的歸宿。出色的結尾就像令人難忘的婚禮或葬禮一樣，讓人把眼前的一切盡收心中，默默回想。在希臘文中，**默想**（meditate）一詞是指像牛吃反芻的食物那樣咀嚼。出色的結尾讓我們在歡樂之中慢慢回味。

我們必須讓出色結尾的汁液滲入故事裏的佳餚，使之更加甘美。結尾不僅僅是反思的時刻，更是歡慶的日子。我們要在出色的結尾中跳舞慶祝。我們在奔波勞碌、受人牽制的文化裏，不慣於為能暫時解開複雜的情節而歡呼。我們過於忙碌，而不能中場休息，於是就坐在電視屏幕前，觀看別人如何在二十六分鐘的「緊張情節」後，進入放鬆的結局。

你是怎樣為結局歡慶的？你是否只在別人畢業、結婚、去世時舉行典禮？如果是這樣的話，那麼你故事裏所有其他的結尾都已在新一天的忙碌後無影無蹤了。你我不能為結局歡慶的原因，也許是我們面對徘徊不去的悲劇，不知如何是好。我們也不知道如何處理使我們破碎的事情，甚至在破口已被縫合（雖然還未完全平復）後，我們回頭看的時候，仍不知如何是好。如果結局關係到肥胖、被棄、憤怒、寂寞、恐懼、羞恥等帶來的掙扎時，我們還能慶祝嗎？我們通常不能。你能想像收到邀請你參加慶典的請帖是這樣的寫嗎：「請一起為我不再相信自己是蠢人而歡慶」？或者，你會這樣嗎：在巨大危機迎面撲來時，你選擇了不退縮、不怪責自己，而是勇敢地與之搏鬥，最後的結果令人振奮，因此，你邀請朋友為你所經歷的豐盛而歡慶？

我們總是讓結尾悄悄地溜走，因此更談不上為它歡慶了。所以，我們從來不讓結局激發新的故事湧上來。事實上，我們只有在看見榮耀從我們最痛苦的破碎中滲透出來的時候，才能喜歡自己的故事。我們必須充滿信心地進入並閱讀我們的悲劇，相信它們的結局一定比想像中的更出色，才能看見當中的榮耀。

我們如果進入自己故事中的錐心之處，就將聽見一個聲音輕喚那個終將賜給我們的名字。我們活在墮落的世界裏，所以與遺棄、背叛、羞恥為伍，這些經歷是無可避免的，但同時也提供了一個環境，讓我們了解自己如何過活。在困境當中，我們可以活出最真實的自我，也可以活出最虛偽的自我。

我們在被除名的時候，喪失了自己，但我們必須記得回望以往的救贖經歷，回想上帝在我們被遺棄、被背叛、覺得羞恥的時候印下的榮耀標記。我們錯誤地相信，我們如果能逃避過去的話，就會很快樂。但是，我們如果沒了過去，就徒具空殼，像是塑料模子，擁有平凡的名字、平庸的故事。我們若在失去名字時進入自己的故事的話，就最可能聽見對自己新名的輕喚。記著，上帝並沒有停止寫作。

你故事的展開

本書寫到這裏，我們已經了解到每個生命都是別具意義的故事，裏面每人都有獨特的名字，每個故事都跟別的故事一樣具有共通的結構。在這個結構之內，我們的旅途都充滿了平安的時刻、平安的粉碎，以及對平安的尋索，使我們在歡愉的時刻休息和歡慶。我們不僅擁有故事，並且自己本身就是故事。我們有責任認識自己的故事，以致可以積極勇敢地為福音的偉大故事而活出自己的故事。上帝編寫我們的故事，不僅是為了我們自己得到啟發和見解，也是為了啟發別人，並透過我們的故事來彰顯祂的故事。

我們必須閱讀過去，才能更明白如何編寫現在的生命。我們愈能負起責任為了尊重過去而編寫現在的生命，就能在將來活出愈多為祂的榮耀而寫的故事。因此之故，本書餘下的章節將討論閱讀、編寫和算術。

閱讀你的故事

你也許想馬上在目前的人生危機中作出一個決定，也許想更清楚地知道下一步該怎麼走。你無論處於怎樣的狀況，如果想未經閱讀你的過去就向前走，將是錯誤的，即使閱讀過去是需時甚久，並且未必立即見效的。閱讀你的人生跟閱讀任何故事一樣：需要耐心和希望去一頁一頁地翻下去。本書接下來的三章將邀請你閱讀你的故事，並進行反思。你將開始細味人生中的熱誠、悲劇及人物。你這樣做的話，就會更加了解上帝已在你生命中編寫了怎樣的故事。祂已在過去寫下篇章，而這些篇章對你的現在和未來有著非同凡響的意義。

編寫你的故事

上帝已為我們的人生著墨，並且呼召我們與祂合著。我們並不是一個被動地活出既有劇本的機械人，而是可以與上帝合著，在上帝更偉大的故事中活出我們的那一部分。我們只有在回顧過去時，才知道祂為我們的未來鋪的前路。我們的作者在我們開始與祂合著我們的現在與未來時，將告訴我們去做甚麼，往哪裏去。

我們蒙上帝呼召，要寫下有意義的故事，來彰顯一個更偉大的故事——祂的故事，就是最偉大的故事。在這麼做之前，我們必須知道活出救贖的過程所涉及的獨特人物、事情、地方、時間、方式。本書第七章及第八章邀請你與上帝一起編寫你的故事。

你故事中的算術

閱讀、編寫，以及算術——或者更確切地說：乘法——總結了我們最高的呼召。我們為了別人、為了上帝的榮耀而讀寫我們的故事。我們不能把自己的故事據為己有，我們不能只為自己的利益來讀寫自己的故事。我的故事也是你的故事，而所有人的故事都是為上帝而活的。因此，我既為了你的故事，也為了我的故事而讀寫、編輯、講述故事，並且進行歡慶。這就是讓故事倍乘增長。

本書最後的部分將述及祈禱、禁食、贈送，探討它們怎樣能使故事成為盛宴，使我們所有人有一嘗未來的筵席的滋味，這個筵席將結束所有這個世代的故事，並開啟講寫故事的新天地。當我們把自己的故事乘倍的時候，就會逐漸喜歡自己的故事，也喜歡家人、朋友、敵人的故事。

讓我們先以閱讀故事來展開這個旅程。

講述你的故事

你回想自己的故事時，想一想看見救贖時的場景，也想一想欠缺救贖時的境況；想一想最痛苦的時刻，也想一想平時常出現的苦況；想一想充滿平安的時刻，也想一想困難得以化解的時候。你這麼做的時候，也就是在回想一個個故事中的平安和諧、平安的粉碎、平安的尋索、結局。

第二部分

閱讀你的故事

第四章

傾聽你的內心

為你賦予意義的熱誠

我認為，我們只應看那些能刺傷我們的書。如果我們看的書不能迎頭打醒我們，那麼為甚麼還要看呢？難道是像你們所說的，看書能令我們開心嗎？……我們開心，正是因為我們沒有書，而那些令我們開心的書是我們在需要的時候可以自己寫的。但是，我們需要的是那些像瘟疫一樣感染我們的書，能令我們痛不欲生，就像我們深愛的摯愛去世，就像我們被逐出與世隔絕的森林，就像自殺一樣。一本書必須是一把能鑿開我們內心的冰海的斧頭。

弗蘭茲．卡夫卡（Franz Kafka），

《給朋友、家人和編輯的書信》

我們選擇了甚麼，就成了甚麼樣子。我們選擇成為怎樣的人，做哪些事，都是內心深處的熱誠所驅使的。為了明白這個簡單的道理，我們必須檢視「選擇」是怎樣有力

地塑造了我們的性格。

一個選擇可以為我們的生命訂下方向。無數的電影和書籍都展開想像，描繪如果我們根本沒有存在過，或者有人回到過去改變了一個選擇，將對別人產生怎樣的影響，藉以探究一個單一的決定如何地「一錘定音」。我們無法預知隨之而來的驚人後果。

不過，當我們想著自己的選擇時，仍然有不少問題縈於腦際：我們的生命是早已注定的嗎？還是需要我們的合作才能寫完？我們對自己的處境有發言權，因此能夠譜寫未來嗎？還是我們只是命運巨輪裏的微小齒輪？

我們常常覺得既有自由又受約束。一些喜歡認為自己是自我製造的人，其實知道有很多事情是控制不了的。同時，我們總是覺得，我們已作出一個決定，對於我們的故事如何發展起了重要的作用。我們自知微小，但所作的決定卻對別人有深遠的影響。我們直覺地知道，我們既是遠在自己範圍之外的更大故事的一小部分，選擇權及設計權都不在自己手裏，卻又與一個關乎自身的故事密切相連，這個故事比我們所想像的更深、更遠。我們活在兩種現實之間。我們本身毫無力量，卻又因為有能力選擇而擁有無窮的力量。

我還記得有一次，我的生命出乎我意料地產生了變化。那是在我唸神學一年級的一天，下學期還有幾天就結束了。那天早上，才七點半，就有人來電找我。宿友喊我去接電話。我睡眼惺忪地下了牀，走出長廊，拿起話筒，咕噥了一聲「喂」。電話另一端的聲音說：「我是大衛．尼古拉斯（David Nicholas）。」我說：「誰？」他回答道：「我是佛羅里達州博卡拉頓（Boca Raton）的西班牙河長老會（Spanish River Presbyterian Church）的牧師。」我搞不清楚他到底是誰，想幹甚麼。

他提高了聲線：「請問，你到底想不想做暑期工？」我吃了一驚，定了定神。突然之間，他的名字從我腦海裏浮現出來，我想起一次與一位在佛羅里達州參加教會的朋友的談話。我沒來得及細想，就對尼古拉斯提出的聘請說了聲「行」。他說：「好了，你一個星期內來報到吧。」我笑了，問他博卡拉頓在哪裏，他說：「買張地圖吧。」

這件事怎麼可能發生呢？

它就這樣發生了。故事是這樣的：我在學期初收留了一位「無家可歸」的神學生湯姆（Tom），他的妻子因病無法如期來到神學院，我就把他安置在我的宿舍房間。他跟我一起住，直到他的妻子數週後抵校為止。我們經常一起吃午飯，成了朋友。我在第一學年末，決定到歐洲一遊，練習一下德文。湯姆說，如果能在教會實習一下會更好。我認為他是在開玩笑。我跟他說，沒有教會願意請我；但他說，他教會的牧師很特別，也許會聘請我這樣的人。我後來就把這段對話拋諸腦後了，直到被喊醒接電話時才想起來。

正是這間教會、這位牧師，把我帶入事奉的榮耀中。正是這間教會聘請了我，把我介紹給克萊布（Larry Crabb），帶我進入了輔導、講道、教導的事工，並打開了我的心，讓我知道，自己的生命其實可以被上帝使用。一個電話——一個衝口而出的「行」字——改變了我的生命方向。

每個我們說出口的「行」字串連在一起，就成了我們今天的樣子。我回顧自己的過去，能看見一連串的「行」字，把我帶向我的妻子、我的呼召、我目前的事奉。但是，我們很少能在說「行」的時候知道後果是甚麼。我答應去博卡拉頓的時候，這個地方對我來說是陌生的，像是去探險，而我也不知道一個「行」字就能徹底地改變我的生命。我們很少能明白自己的選擇到底意味著甚麼。

我們日復一日所做的看來平凡而單調，與其他事情沒有關連。但是，在我們選擇的每一件事的下面，藏著我們的渴望。正是這種渴望帶動我們決定何時說「行」，對甚麼說「行」。為甚麼我在神學院認識的朋友一提出建議，我就選擇對佛羅里達州的一個陌生地方說「行」呢？這是因為我聽了自己的心聲。我想去德國，卻毫無目標，因為百無聊賴，而我此時剛好開始覺得福音是真實的。我的內心嚮往著新的、帶有挑戰的事物，於是電話來得正中下懷。

傾聽你的心聲

我們經常把整個人的核心稱為心。我們的心比意念更大，比願望更深，比情感更真，是我們整個人的總和。但就算這樣，也不足以準確地量度我們整個人的全部。在每個人的裏面都有一些東西，能致善，也能致惡，程度是任憑我們天馬行空地想像也想像不到的。我之所以能成就做夢也想不到的事，是因為永生正在我的心裏跳動。傳道書裏的一句話激動著我的心，作者告訴我們，上帝「將永生安置在世人心裏」。[1]這不只是美好的意象而已。永生——對上帝的渴望——使我們的熱誠燃燒起來。它引導我們作出選擇。它為我們的生命定下軌道。

永生在我的血液裏流動，它的軌道讓我緊記：我終有一天要面對聖潔、正直、公義的上帝。我可以幾乎不理生命將進入的風眼，但是，愛的誡命——全然無私地向別人獻上自己的呼召——卻在我整個人的每個細胞內呼喊。在永生的流動中，我願意怎樣活下去？我們已被塑造，要超越刻下的自我，成為將來要成形的我。

一聲「行」或「不行」反映出我們最珍惜的是甚麼，也決定了我們向哪個方向走。所有的決定都受**理想的我**（ideal self）所引導，也就是我們預料將來的自己會怎樣。我們每個人都把自己看成是某一種人，有一套獨特的價值觀、信念、夢想。然而，在現實中，我們往往不能成為自己理想的模樣，卻選擇了滿足別人對我們的期望，成為**期望下的我**（ought self）。我們應該避免它。我們並不能夠成為理想的我，但卻能避免成為期望下的我，以致成為所謂**真我**（real self）。真我是指誠實而有力地活在理想與期望之間的那個自我。

理想的我

我是上了年紀的人，身體比去年更胖，頭髮卻更少了。我照鏡子的時候，看著裏面的人，總是感到驚奇。我仍然相信自己風華正茂，二十八歲左右，瘦削，頭髮濃密，皮膚富彈性，眼睛閃著愉快的光采。我剛才描繪的是我理想的身體形象。我們在各個方面都有理想的自我形象，無論是身為工人、情人、軍人、金融家、朋友、配偶、孩子、公民，還是身為信徒。在每個方面，我們心目中都有一個形象，像北極星一樣引導我們發揮潛能。每個形象都根植於渴望、夢想、記憶、人羣。

此外，我們依據自己的理想形象，做出了息息相關的選擇。例如，我兒子安德魯（Andrew）夢想成為曲棍球守門員。他模仿心目中的英雄，每天把大量時間花在精心安排的活動上，為求實現夢想。他想玩欖球，但遭我禁止。我自己花了九年時間玩欖球，伴隨成功而來的是永久的傷患。我不願意讓兒子參與有身體碰撞的劇烈運動。他選擇了曲棍球，雖然難免身體碰撞，但不是不停地互相撞擊。

他第一天練習的時候，我把他送到學校，臨別時跟他說：「我不管你玩甚麼，但無論玩甚麼，都千萬別選守門。」在第一場比賽開始前，教練説需要一個守門員。我的兒子自告奮勇地走上前去。我看著他去接以時速八十英里扔過來的球，馬上嚇呆了，他卻樂在其中。

他的選擇也不盡是為了跟父親對抗，而是在某種程度上表示：「你可以限制我的選擇，但我可不能總是按你的意願去做。」可見，要想變成夢想中的自我，就要經歷一連串的風險、妥協、鬥爭、失敗。我們內心最深處的熱誠把我們的理想燃點起來。

我們的熱誠讓我們充滿活力。有人熱中於閱讀弗蘭納里．奧諾（Flannery O'Connor）的作品，有人則喜歡看股價節節上升。我們喜歡文學，或者喜歡投資賺錢，或兩者均愛，都不是錯事。我們的理想的我跟我們最深層的熱誠是緊密相連的。我們要知道自己的真我，就必須先辨清與理想的自我緊密相連的熱誠。

我們理想的自我表現於我們所珍視的（熱誠）、我們對世界的理解（信念）、我們為達成理想所實行的（行為）之中。我們的熱誠、信念、行為之間的配合非常緊密，以致我可以有信心地説：

- 我們所做的是我們所真正珍視的。
- 我們因珍視某事所採取的行動，告訴了別人我們真正相信的是甚麼。
- 我們所真正相信的塑造了將來的我。

我自己減肥失敗，就是一個貼切的例子。我想要減肥，但十年多都徒勞無功。我減了數十磅肥脂，卻又再長出數十磅肥脂，屢減屢長，這些肥脂加起來足以造五個人。我難以實現理想的身體形象。為甚麼？因為我珍視一種比理想的身體形象更深層的東西。相較於身材健美，我對滿足胃口更為熱中。這一點可由我的行為來證明。

我的熱誠——吃得可口，吃得飽足——是由我的信念來捍衛的，我認為自己不能控制命運或痛苦，但吃的時候，卻能感覺良好。我珍視感覺良好，多於外表良好，或者身體健康。因此，在生命中令我沮喪的事情還沒發生之前，我還能保持節食。爾後，我放棄節食，又吃了起來。

因此，我們總是選擇自己最珍視的，就算有時候我們的選擇對我們有害。我們必須先明白自己最珍視的是甚麼，並且誠實地認清我們的熱誠如何鞏固了我們所真正相信的，才能改變我們的行為。我們可以改變自己的信念，但直到我們的信念更新了我們的價值觀之後，我們才能改變自己的行為。我們可以改變自己的行為，但如果我們的價值觀和信念沒有更新，行為的改變不會長久。

我們可以深思以下的問題來開始更新的過程：

- 甚麼最能深深地打動我？
- 我最享受做甚麼？
- 我在哪裏找到最大的喜樂？

- 這個活動、這個想法、這個人到底有甚麼東西吸引了我思想生命的意義？

我們的熱誠推動我們取此路而捨彼路，最終所走的道路，就像指模一樣獨特。我們的熱誠也許是讓身體冒極大危險來挑戰死神，也許是選擇逃避危險的人、危險的處境、危險的想法來逃避痛苦。在任何一種情況下，我們都先製造一個理想，用來不斷地衡量自己，而衡量的結果可能是失望，也可能是喜悅。

我們最想成為怎樣的人，跟別人認為我們應該成為怎樣的人互相撞擊。

期望下的我

我們的理想往往被別人的期望扼殺了。在上一個例子中，我可能永遠不能實現理想的身體形象，因為我不想捱苦，或者沒時間做運動，而我沒時間做運動的原因，可能跟我忙於做別人認為我該做的事情的原因一樣簡單。這些討厭的「別人」到底是誰？他們是在我扮演不同角色的時候參與塑造我性格的人。

Character（性格）一詞原指尖筆，就是雕刻木頭的工具；漸漸地變成指尖筆雕刻成的圖案，就是藝匠在原材料上雕刻成的樣式。同樣地，我們最初被生命中最重要、最具影響力的人所刻劃。不過，沒有了我們的參與，他們的刻劃並不能完全地使我們成形。事實上，我們透過採納別人的期望，來把它們變成自我期望。

不過，我們的角色最終被上帝所刻劃。我們的父母在我們滿足或反抗他們的期望的過程中，塑造了我們的性格。但是，上帝把我們生命中經歷的各種影響編織成一闋交響樂章，裏面的主題迴響著祂的旨意。

我們所選擇的角色是上帝所寫的，但是由我們來演繹。在這個角色中，我們有幸可以合著劇本，並在舞台上即興演出。上帝展開祂的創造大能，按祂的參數和可能性來豐富這個角色。祂選定了我們的時代、我們的籍貫和家庭、我們的體形、我們的智力、在我們出生之前發生的故事。我們並不被先天因素所束縛，但我們也不能置之不理。我們的角色從我們經歷的第一個階段——家庭中浮現。

在我們生命的起源地，既充滿限制，又充滿機會，我們第一個角色就是從這裏開始。我們在一個家庭裏呱呱落地，出生次序已定，有既定的選擇。（長子比次子更負責、進取，而次子則比長子更畏縮、謹慎，也承受更小的壓力。）我們因應自己獨特的熱誠發展出應對模式。（一個小孩將知道她有責任追求成功，另一個小孩則將知道他的角色是帶來歡樂，而第三個小孩將負責成為代罪羔羊，承擔家庭的羞恥和失敗。）

我們如果要否定生命早期的角色，既是困難的，也是不必要的。事實上，我們經塑造後要扮演的角色，正是在深遠的救贖和演變後，要在將來活出來的角色。我們不應該嫌棄我們在家庭這一階段受到的訓練。我們反而應該加以深究，因為這是我們最早期的線索，幫助我們了解將來的名字和呼召。

因此，我們要麼積極地活出一個角色，要麼就依照我們應該是誰及應該怎樣對人的一連串期望來生活。我們扮演的角色是固定的，也是靈活的。我以前有一個角色是做父母之間的傳譯員或通話員。父親不擅溝通，常常跟我說：「去安慰一下你媽。我做了一些讓她不痛快的事。她需要說一說。」於是，我去聽母親講述他們剛才的吵架，然後負責給她提供一種「觀點」。問題就出在這裏：我提出的觀點可能令父親脫身，但就令母親難過；我如果選擇偏幫母親，就必須讓父親相信，她傷心得很厲害。

那是一個雙輸的世界，於是我在書中得到安慰，更在上帝話語的偉大能力和榮耀中得到安慰。在上帝的話語中，我找到了出路。事實上，正是上帝的出路才能帶來安慰和更新的盼望。在上帝的話語中，我找到最深層的喜樂和熱誠。我們若能找到熱誠的所在——以及挑旺熱誠的事情——就能漸漸使我們的性格成形。

但是，如果你的父母是固執己見、傲慢無禮的人，你的角色又會是甚麼？你可能做不了傳譯員，卻成為一個在阿們角（amen corner）裏不停點頭稱是的附和聽眾，對粗暴的父母的意見唯唯諾諾。久而久之，附和的聽眾將變成甚麼樣子？一位女士因有個常常發火的母親而深受驚嚇，成為一個對別人溫柔仁慈的人。她知道不起眼是多麼痛苦的事，而她對別人總是極力奉迎。問題是，她常常太害怕把真相告訴別人，因此，她施予愛的能力也受到了限制。

我們在原生家庭扮演的角色是委派給我們的，而非我們選擇的。我們磨練演技，把角色演得日趨完美，為的是拯救家庭，最終也保護了自己。我們受命扮演的角色往往是可預知的、明確的，但我們並不機械地把這個角色演出來。事實上，我們按自己的本質來把它演得得心應手。

如此看來，到底是理想的我還是期望下的我，能真正打動我們呢？答案顯然是：我們在兩者之間不斷地妥協。我們為了別人的要求而犧牲理想，也為了理想而犧牲別人的要求。我們大部分時間幾乎難以分辨到底是哪個我深深地打動我們。

我減肥，到底是為了身體健康，還是因為我的形象能符合一些對魅力男士的審美標準，使我的感覺更好一些？我們不能任隨己意而行，因為我們都需要守規矩。不把別人放在眼裏的人是自戀狂。另一方面，我如果單單活出期望下的自我，就只是活在別人的要求下，成了沒有靈魂的應聲蟲。

能夠打動我的，應該是上帝已寫在我故事裏的生命熱誠，即使我不完全理解它們是甚麼，它們為甚麼存在著。我必須把它們找出來，才能變成一個有血有肉的人。

真我

你如果想得到一些生命的智慧，最好先看一些兒童名著。到底「真」是指甚麼呢？瑪格莉．威廉斯（Margery Williams）在《絨毛兔》（*The Velveteen Rabbit*）裏寫道：

> 一天，兔子問：「甚麼叫『真』啊？是不是有個東西在你裏面嗡嗡叫，然後在外面有個手柄啊？」
>
> 皮革木馬回答説：「『真』不是指你是用甚麼做的，而是發生在你身上的事。當一個小孩愛你愛了很久很久，還是『真』愛你，那麼你就變成『真』的了。」
>
> 「它能使我受傷嗎？」
>
> 「有時候能。」他總是很坦白。「你變成『真』的話，就不再介意受傷了。」
>
> 「是一下子變『真』，像上了發條那樣？還是一點一點地變？」
>
> 「不是一下子的。你慢慢地變『真』。要花很長時間的。所以有的人容易碎，有的人有尖的

邊，有的人嬌生慣養，就比較難有這種經歷了。一般來說，你變『真』之後，你的頭髮都差不多被愛光了。你的眼睛掉下來，你的關節都鬆了，你都破舊不堪了。但是，那些事情一點兒也不重要，因為你一變『真』，就不可能醜了，除非有的人不明白這個。」[2]

那麼，真能打動我心的是甚麼？從上面一段文字來看，就是任何我們所愛的事物。我如果愛飽足的感覺，就愛任何如偶像一般的食物所提供的飽足感。我為甚麼能被甜餅圈的美妙感覺打動，而不被在健身室做運動的刺激感打動？在某種程度上，是因為比起三十分鐘的運動，甜餅圈需要更少的風險、折磨和損失。比起真、善、可愛的事物，我更喜歡那些能把痛苦帶走的事物。

我受召要成為真的人。我如果已被愛過，又明白到愛比哀傷更好、比死亡更強、比編造的東西更真，就是真的人了。真人不是理想之人，因為我在全身各部分破舊不堪之後，才能變真。真人也不是期望下的人，因為我要扮演的不是意料之內的角色。我的角色是我的創造主賜予的禮物，即使它原先是我父母、家庭、文化的印記。

所以，我有責任先擁有那最能深深地打動我的熱誠，然後為了別人的益處把它活出來。我的熱誠也許是汽車組裝，也許是為無暇入廚的人烹調美味而有營養的食物。我有責任去了解甚麼能打動我。

那麼，我應該怎樣做，才能知道應該去學一種樂器，還是去學西班牙語，準備好隨教會去墨西哥提華納城（Tijuana）建屋呢？還是應該參加健身班，跟我的體重搏鬥呢？教會正在舉辦小組組長事工培訓課程，我應該去參加培訓，還是應該多花時間陪伴子女？當我們想說「行」時，就意味著對一大堆可行的選擇關上大門，這才是真正的考驗開始的時候。我如果為了短宣事工而去學西班牙語，就必須拒絕其他同時存在的大好機會。

作出這些決定的關鍵，在於辨清甚麼是我們最大的喜樂。我們的渴望和熱誠是甚麼？我們在閱讀自己的悲劇，看清我們的內心在哪裏才能找到最大的喜樂時，就能找到答案。我們的人生意義，就是向最重心、最突出的熱誠衷心地說「行」，因為這種熱誠閃耀並彰顯著上帝之美。同樣地，我們也必須拒絕那些我們可以防止的、對我們有害的事物。上帝已刻劃了我們的性格，並賜給我們一個角色，讓我們從中彰顯祂，而這是其他人的任何故事都不能代替的。

我曾經與一位六十多歲的女士合作。她成長於美國西部山區，出生於一位文盲的五旬節牧者的家。這個家裏超過一代的人都飽受性虐待、酗酒、暴力的摧殘。這位女士所受的虐待之苦非常深，似乎整個人都被吞噬了。她故事裏的失落和羞恥多得連聽的人都痛苦萬分，更不用想像她是怎麼親身熬過來的了。我跟她合作了一段很短的時間，不過仍有幸能定期在會議上見到她。

如今，她是一位才華橫溢的治療師。她努力奮鬥，拯救了無數曾被虐待迫害的脆弱生命。她是一名戰士、一位聖者，又是一位不羈、滑稽、精明、善良的女士。在她前往擁抱上帝之美的路途上，我有幸跟她同行了一段路。我所做的只是閉上雙眼來端詳她的面孔。我能聽見她的笑聲，也知道了應該對我自己生命中的哪些事說「行」。

在記憶中，我從來沒向上帝求過要與飽受虐待的人同行，治療他們，但現在我做的就是這些工作。我不相信上帝向我們派發召命，就像軍需部的長官向士兵派發軍服、配給物、軍槍一樣。上帝邀請我們隨自己的熱誠而行，即使我們懵然不知它們的存在。

我的性格是在家庭暴力、張力、傷心之中形成的。我很早就被呼召做傳譯和介入的工作。上帝呼召我來到一個充滿傷心、暴力、怪誕的家庭和故事裏。我被召去關顧那些憤怒、被虐待、身心破碎的人。我在不見天日、黑暗、充滿羞恥的虐待的苦海中見到救贖的來臨時，就能理解當中的喜樂、上帝的應許。

我情願做哪一樣？是貪圖安逸、漫無目的地虛度光陰？還是不怕被傷害，與上帝一起說「行」、說「不行」？這是一種選擇，就像在《22世紀殺人網絡》（*The Matrix*）裏一樣，在紅藥丸與藍藥丸之間做出選擇：其中一種藥丸讓你在恐怖的世界中安然熟睡，另一種藥丸則讓你醒來，成為滿懷救人熱誠的戰士。你和我都被創造成為必須知道救贖的催迫和呼喚的人。

你正面對甚麼樣的問題、人羣、地區並不重要。最重要的是，你心靈深處的某種東西在跟永生一起跳動，要加入各人物的行列，為求在人類墮落的灰塵中創造榮耀和美景。誘使你說「行」的正是救贖。救贖並不局限於所謂的全職基督徒事奉。救贖——把靈魂和身體從死裏救活、伸張正義、與病魔搏鬥、為飢餓的人種糧、安慰垂危之人、教導兒童閱讀、問候鄰居、幫助小孩繫鞋帶——都是向榮耀說「行」。我們每個人都已有寫好了的劇本，用來突出我們最深層的熱誠，反映我們的核心性格和最真的召命。我們已被寫為要做「真」的人，而每個人的心裏都知道我們甚麼時候是真的人，甚麼時候是假的人。

如果我們願意檢視自己的生命，上帝就會給我們有關召命的標記和線索。我們在閱讀自己的故事，尤其是自己的悲劇之後，將更了解是甚麼形成了我們的熱誠。這樣，我們就更能預備好由衷地說「行」、說「不行」。

你的熱誠是甚麼？

講述你的故事

你回望自己的生命時，想一想這句話：「我們一定要辨清與理想的我緊密相連的熱誠，才能了解真我。」試描述你做僱員、朋友、配偶、父母、孩子、公民、信徒時的理想的我。

第五章

面對塑造你的悲劇

發人深省的羞恥和背叛的情節

為甚麼聖潔的地方總是黑暗的？

魯益師（C. S. Lewis）

痛苦能喚醒我們去聽一種輕聲細語，它暗示著一個真相：我們失去了家。我們用大半生所追求的既有必需品，也有奢侈品。我們假設生命是井然有序、可以掌握的，只要我們夠努力的話。然後，各式各樣的悲劇打破了這種假設，也喚醒了我們。

悲劇能喚醒我們的熱誠，而這在某種程度上，是安舒、祝福、喜樂做不到的。「熱誠」一詞的拉丁文字根是指「受苦」。它含有強烈的情感，推動一個人前進。我們在疼痛的時候就被迫動起來。我們滿心喜悅時，可能載歌載舞，但過不了多久，喜悅歸於平靜。悲劇卻不一樣，它使我們的心波動起來。所有的熱誠都在痛苦上建立起來，在風險中成長，印刻了我們在面對悲劇時作出的決定。

悲劇把我們介紹給自己，讓我們了解自己最深處的熱誠，讓我們看清在默默地接受著自己所說的「行」與「不行」的內心。我們沿著一條無形的軌道前進，這條軌道是由比任何他動力來源都重要的熱誠和渴望挖出來的。我們隨己意而行，就算不知道己意為何。我們選擇不做自以為想做的事情，是因為有更大的渴望或意願正在影響著我們。我們雖不能為，卻仍為之。同樣道理，我們作選擇也是這樣。我們未能刻意選擇作出一種行為，並不代表沒有作出決定。我們做的每一件事都是由熱誠點燃的，也是由一種躲避不了的、躍動著的渴望所推進的，這種渴望不能在世間得到滿足。

我若研究你對世事說「行」、說「不行」的模式，就會看見你最深層的熱誠。我若依循你的熱誠而行，就能更加了解你的過去和將來，也有機會聽見將來有一天上帝將呼喚你的那個新名。

我們的生命充滿了悲劇。更令人驚歎的是，我們要活出的故事是由一眾天使和無數個故事所圍繞，它們成為我們生命的背景，使我們的痛苦產生了意義。我們必須學習去閱讀我們的熱誠，為的是明白上帝的心意。我們正是從過去和現在經歷的痛苦中，看見痛苦之水怎樣切割了泥土，形成了我們性格的輪廓線。尤其重要的是，悲劇塑造了我們的身分、我們的性格。

閱讀悲劇

我們必須先明白，悲劇是定律，而非例外，才能開始閱讀自己故事裏的悲劇。世間無人能避免生命中引發性的事件——那些充滿哀傷、失敗、殘酷的事件，那些需要行動去改變、去補救的事件。我們在聽別人的故事時，必須先設想和諧已被打碎，對方正走在恢復平衡的旅途上。但是，在大部分時間裏，我們在看別人的故事時，甚至在看自己的故事時，往往不能看出其中關鍵的悲劇，而正是這些悲劇把一個人的人生情節向前推進。

造成這種視若無睹的現象主要有兩個原因。其一，一些人經歷了太多的破碎，以致聽他們的故事像是穿過滿佈成千上萬的白十字架和大衛之星的烈士墓地。由於墓地太大，我們不可能單從一件大事來估算他們的損失到底有多大。其二，一些人畢生一帆風順，他們生命中關鍵的引發性的事件在哪裏？很多人都有一些傷心困難的時刻，但這些時刻是很久以前發生的，似乎跟我們現在的生活無關。並且，當我們回望過去的時候，那些時刻看來並不刻骨銘心，因此很容易便被拋諸腦後了。

一位女士難為情地對我說，她長期受牙齒不整的困擾。她鮮有笑容，但卻很友善，而我也沒在意過她從來不露齒而笑。她在小學裏常因有齙牙而飽受嘲笑。她現在已年過六旬，仍然單身，生活安定。她從來沒想過這種羞辱對自己造成了怎樣的傷害，也沒想過自己面對這種長期的傷害，真的想變成怎樣的人。

她開始反思生命，是因為一位朋友問她：「你為甚麼讓每個追求你的男士都付上代價？」這是有關她的單身問題第一次刺進了她的心。她對每個人都很好——除了追求她的男士外。她在約會時，變成苛刻、若即若離的人，把所有的感情都收斂起來。

我們不但傾向否定過去的悲劇，也使別人為我們過去的傷害付上代價。我們對曾破壞和諧的悲劇充滿敵意，或者對它們置若罔聞，或者乾脆把它們趕走。然而，我們要想了解自己的熱誠，就必須先回想破碎的時刻，因為它們形成了我們如何看生命的核心觀點和如何活下去的核心信念。

悲劇塑造我們最深層的熱誠，而我們的熱誠塑造了我們現在和將來的模樣。在墮落的世上，每個人都遇到遺棄、背叛、羞恥。你我都不能倖免。我們想要知道應該如何活下去，就應該知道這個現實。正是在苦難之中，我們才能成為最真或最假的我。

我們與故事裏的悲劇戰鬥時，就決定了我們為誰而戰，以及我們怎樣展開人生的戰爭。我們在悲劇中失去名字，也正因此故而去尋找、去挖掘，直至找到寶貴的身分為止。背叛把你改名為「一無是處」，而非「信賴別人」；或在你真名是「信實」時，把你標籤為「沒有朋友」。

我們在失去名字時，就失去了自我，失去了身分，但我們必須回到事發地點去找回自己，更重要的是找到上帝。這個概念很難掌握，因為跟我們所假設的真相剛剛相反。我們以為如果能逃避過去的話，就會高興，但真相是，我們如果沒有了過去，就成為平平無奇的空洞之人，成為餅模一樣的故事。我們進入失去名字的地方時，最可能聽見對新名的輕聲呼喚——就是上帝將賜給我們的新名。

每個人的故事都包含了因遺棄、背叛、羞恥而失去名字的情節。聖經把這些情節描述為孤兒（被遺棄的人）、寄居者（被背叛的人）、寡婦（蒙羞的人）。上帝從中把自己彰顯為能完全滿足每種人需要的全能者。

孤兒的孤單

只有我們的天父才能正確地為我們起名。有趣的是，在古代近東，子女的名字是父親起的，他們的生命意義就包含在名字裏，母親則負責撫養他們，使名字的意義結出果實。

這種風俗並不使父親濫權，也不貶低母親的責任。不過，父親在賦予子女生命意義的一環是居首位的。他並不完成整個過程，因為他的妻子需要努力地把子女撫養成人。不過，整個過程是由父親開頭的。如果父親不在，那麼子女的生命意義的發展動力，就在最好的情況下，會被拖慢，而在最壞的情況下，則以驚人的速度衝出軌道。事實上，在近東，一個孩子如果失去了父親，就喪失了自己的地位、自己的名字、自己的繼承權。他成了孤兒——失去了保護，失去了生活供應，也失去了身分。

在新舊約時代，孤兒的生活既危險又孤單。在父系社會裏，沒有名字的人跟異鄉人無異，無權無勢，只能在艱苦、冷漠的世界裏掙扎求存。

在今天，情況也相差不遠。一個因死亡或離婚而失去父親的孩子，即使不是生活在折磨之中，也是生活在張力之中，就是有名字與失去名字之間的張力。**我曾經有過爸爸，他愛我。他把我輕拋在空中。我坐在他的大腿上，能感覺到他臉頰的鬍茬，嗅到古龍水的氣味。我伏在他胸前，能聽見他的心跳。我曾經感到很安全。但是現在，我再也感覺不到了。**

失去父親的原因除了死亡或離婚外，還有其他。一些父親坐在舒適的椅子上，任由閃爍的電視屏幕把他們跟生命和子女隔絕開來；一些父親被生命道路上的誘惑擄走，成為金錢的奴隸；一些父親則從來不說話，或從來不聞不問；另外一些父親則用疏忽或虐待來羞辱我們。

有的時候，虐待的形式是溺愛。雅各捱過了一次又一次的背叛，飽經風霜。他最後與上帝相遇，餘生都要瘸腿走路。因此，當他晚年得了英俊早慧的兒子，就把他視為掌上明珠，這也是不難理解的。約瑟後來的確成為上帝給雅各的祝福。不過，這個用奇想怪夢來擾亂家庭秩序的兒子也是個令人討厭的傢伙。

對於約瑟來說，父親的偏愛帶著死亡的詛咒，這跟任何有孩子被偏待的家庭一樣。因此，即使是愛——就是具佔有性、競爭性的虛假之愛——也能把人變成孤兒。家庭裏的偏愛往往導致被寵的孩子遭受其他得不到相同獎賞的手足的憎恨。

就算真是有擁有光榮的父親的人，他們也為數不多。一個孩子就算有好父親的培育，也很可能被另一些人傷害——一位牧師、一位教師、一位教練，或一位導師。這些「權威人物」本應陶造他們徒弟的身心，使其得榮耀，但事實上卻以虐待、傲慢、遺棄而使他們成為孤兒。只需一刻的遺棄，榮耀的外衣就蒙上污點。我們或多或少都知道遺棄有哪幾種形式。

成為孤兒的原因有很多，但結果都是一樣：我們心裏有一股渴望的漩渦，渴想觸摸已失去的父親的臉龐，聽他叫我們的名字。這種渴望超出了我們大部分人可以承受的，於是我們為了避免痛苦而扼殺了所有的想與父親安然同在的渴望。

這是基於我個人經歷有感而發的。我在繼父去世幾年後，有一次陷入了空虛之中。我在第二次世界大戰同盟軍反攻日十五週年紀念日那天觀看紀錄片。我聽著退伍軍人憶述在諾曼第登陸的驚心動魄的經歷，目瞪口呆。繼父在太平洋戰事中參與過兩次登陸戰，一次在硫磺島，另一次在貝里琉島。他那時只有十九歲，是名軍士。我一邊看紀錄片的畫面，看著諾曼第登陸的實況，一邊聽著已屆八旬的退伍軍人的旁述，不禁熱淚盈眶。眼淚嘩嘩地流下，就像大開的水龍頭。最後，我的心裏湧出肺腑之言：「謝謝你。謝謝你。」我想謝謝繼父，謝謝他的英勇行為，也想告訴他我從未跟他面對面說過的話，就是我是多麼的敬重他、欽佩他。

我很容易有藉口，解釋為甚麼我不能在他活著的時候親口跟他說這些話。他是不擅辭令的人，一看見我哭，就馬上迴避，轉換話題。他跟那個年代的人一樣，情感並不溢於言表。我在看紀錄片的時候，自己的藉口融化掉了，剩下的只有純粹的渴望，想觸摸父親的臉、輕喚他的名字，這種渴望強烈過害怕他迴避，也實在過他死亡的事實。

我流完了眼淚，坦然地問自己，內心是否真的很痛苦。這種痛苦真實得很，我只能靠問自己是否真的覺得痛來面對它。眼淚已乾，但當時的情景仍歷歷在目，我想跟父親對話的渴望仍在心中。我仍想感謝他，而他無論在世時或過身後與我的距離仍深深地刺痛著我，我雖想逃避，但卻不能。我想與父親相連結的渴望，不但加深了我本來在他在世時已承受的痛苦，也使我在他離世後更覺失落。

不過，我因繼父與我的距離而承受的痛苦，既跟繼父有關，也跟上帝有著莫大的關係。讓我解釋一下。

上帝想要我們開始提出重要的問題——祂使用我們短暫、卻止不住的想與世上的父親相連結的渴望，來提出我們所有人都需要面對的問題。上帝想要我們提出關於意義的問題：「我是誰？我被造是要成為甚麼人、做甚麼事？有甚麼值得我獻上生命？」我們開始提問的時候，就踏上新的旅途，因為我們正在放棄那些似乎數十年來都行之有效的虛假答案。

一旦問了關於意義的問題，支撐我們每天過生活的假地基就開始動搖了。我們周圍的文化給了我們很多讓我們可以安於現狀的答案：你是絕對需要新的電子筆記本的消費者。你身為基督徒父親，需要每週陪女兒一晚。你是保守派或開放派的一員，需要為一些政綱上的議題投票，候選人是誰並不重要。你殷勤地參與教會事務，並合理地分配時間和金錢。

這些答案帶領你從今天走到明天。但是，它們是怎麼達到這種效果的？你為甚麼接受這些答案呢？誰知道？你這麼做是因為你一直這麼做。就像以前一個啤酒廣告很精警地笑說：「為甚麼要問為甚麼？」哈姆雷特問那個關於人應否存在的簡單問題，有甚麼好處呢？最後還不是被毒劍所刺，讓他在說了一番激動人心的獨白之後，一命嗚呼？

我們低頭不提這些難題，是因為知道一旦提出來，問題的答案將給我們帶來改變。我們可能被拋棄，淪為孤兒。我們將被棄於獨裁的社會之外，這個社會扮演著代父的角色。我們將不能再安歇於社會的臂膀裏，安於擁有那曾渴望過卻從未擁有的、由社會所扮演的父親。我們被逐出門流浪的時候，就失去了名字。**我想，我曾知道自己是誰，但現在我一無所知。**我們像亞伯拉罕一樣，離開安居的吾珥——但必須願意跟隨難以捉摸的信心而前行。我們因失去父親而失去名字，而信心則在呼喚我們展開旅程，觸摸上帝的面。

我們只有在這個旅程上，才能開始醒覺，以前一直靠別人來取得自我肯定、安全感、陪伴，為的是驅散孤單的感覺。

寄居者的嫉妒

我們很多的傷痛都跟朋友和手足有關。友誼能帶來飲宴的歡樂和喜悅，但也能把我們驅逐出去。詩篇的詩人為失去友誼而傷心：

原來不是仇敵辱罵我，
　若是仇敵，還可忍耐；
也不是恨我的人向我狂大，

若是恨我的人就必躲避他。
不料是你；你原與我平等，
是我的同伴，是我知己的朋友！
我們素常彼此談論，以為甘甜；
我們與羣眾在上帝的殿中同行。[1]

友誼遭到了破壞，讓人痛心。詩人一進上帝的殿，就不禁想起曾與朋友彼此談論，共享喜樂的時光。進殿敬拜變得不再一樣。他們一起走過的路如今沾上了背叛的血漬。他的朋友現在想見到他被殘害，就差點沒想取他的命。他的心因驚恐而顫抖，他但願有翅膀像鴿子，就可以飛去，得享安息。[2]

我們的心因失去友誼而失去安居之所，使我們淪為寄居者、異鄉人，在異邦漂泊。以前我們一起享用咖啡的餐館、一起閱讀和討論的書籍，如今都變為異域，不再是家。以前的關係和連結如今都斷絕了，我們之間曾分享的故事如今沒有了聽眾。以前的一切都在冷漠和飢餓中慢慢枯萎。

我們在失去友誼時經歷的死亡並不止於第一個朋友：它像雪崩一樣衝下山坡。我跟一位老朋友的友誼中斷後，一位我和他都認識的朋友跟我説：「我不能既是你的朋友，又留在他的圈子裏。關於你的閒話是對是錯，還是半對半錯，説真的並不重要，我也不想知道，因為只要我站在他的陣營裏，就最好只知道他的立場。」於是，我失去了**兩個**朋友。

他的坦白令我吃驚，而這種毫不掩飾地把友誼政治化的行為也令我震驚。我的老朋友比我有勢力，於是我被棄掉。他能提供的利益更多，於是我失去第二個朋友。人際關係看起來是長久的，但並不比土地穩固，而土地一有地震就搖晃了。

約瑟也是個被逐者。他對哥哥們恨他一事懵然不知，並一直在運用自己的權力和地位，這使他們與他更加疏遠了。因此，他們一有機會便向他報復，使他成為異鄉人、寄居者。約瑟似乎是自作自受了。對於很多人來說，這種經歷令人心碎，於是他們不敢再結交新朋友，也拒絕再去上帝的殿，怕遇見舊朋友。把損失切掉，把過去的記憶抹掉，也不夢想有和好的一天，是比較容易的面對現實的方法。

背叛使我們睜大眼睛，看清內心的孤單。我們是孑然一人。無論別人了解我們有多深，也無法保證那些我們今天曾為其犧牲的人明天仍然還愛我們。友誼充滿了痛苦，充滿了背叛的危機。

我們覺得孤單時，就開始問，真的有一種關係，能夠戰勝罪嗎？**我是個真朋友嗎？我知道甚麼是關心和容忍嗎？我應該怎樣面對關係的破裂和遺憾、目前的痛苦、將來的恐懼？**一提出這些問題，就打開了一扇門，讓我們出去尋找答案。有時候，我們的疑問帶我們離開安全的成規，去尋找自己遺失的東西。尋找是有使命的漫遊，卻不知道腳下的路把我們帶往何方。我們想要有希望，就必須跳出苦毒的困境，尋找那曾在朋友的笑聲中感覺過的甘甜。

我們的故事就是與人生的**所有**背叛對峙的情形，而並不只是指失去與朋友或手足的密切關係。這種損失把我們帶上新的旅程，而我們向前走的時候，就醒覺到，我們在失去情人時最能嘗到失去名字的痛苦。

寡婦的羞恥

我們的人生話劇始於父母——他們給予我們姓名，為我們生命的意義鋪設了先決條件。我們的話劇透過我們的友誼發展下去，這些友誼帶給我們關愛、歡宴、保護。不過，在我們的人生話劇中，最親密、最有震撼力的情節應該跟我們的情侶、配偶有關。（我們如果仍然單身，則人生的一大部分涉及到為甚麼我們還沒被人追求和選上。）我們在男女關係中經歷心碎和渴望的折磨。

人在兩種情況下成為寡婦：死亡或冷漠。死亡把我們的情侶帶到陰間，留下我們獨自流淚。我們不能再與摯愛如影相隨，或互相交往，或重溫一丁點的快樂時光。我們被困在歡樂的記憶裏，徒然夢想摯愛能夠重返身邊。寡婦活在兩個世界裏：過去的世界和將來的世界，它們不會把喜樂交出來，直到我們回到摯愛的身邊那一天。

另一種守寡的生活是指嫁了一個冷漠、不值得信賴的配偶。很多人都是每晚與活屍一樣的配偶同眠，他們早上起牀，刷牙，等候早餐，然後對新的一天抱怨幾句。試想一下，早上醒來看見枕邊人是你不愛、也不愛你的人，該是多麼煩悶的事。這就是守活寡。悲哀的是，很多婚姻就是在這種夫婦都健在的情況下死亡了。在大多數的案例中，主角都為了克服這種空虛感，放棄了自己的人生話劇，轉而觀看別人的生活（電視、體育、教會、愛情小說），在別人的世界裏活著。

另外，有些人終身不嫁不娶。他們為未發生的事情而哀傷，因為擔心將來而放棄了現在。這些（偶然或連續）胡混的單身男女獻身給短暫的伴侶，而這些伴侶也是為了尋歡作樂跟他們在一起。結果，一個人可以奉獻的最親密的禮物就落進別人手裏，對方肯定是馬上撕開包裝紙，搶走禮物，卻對現在和將來毫無承擔。性沒有了事先表達的忠誠和承擔，就完全失去了意義，因為缺少了對過去的記憶，也沒有對將來的承諾。性淪落為隨意的、胡亂的行為。在這種情況下，所有的濫交都是一種暴力。濫交或許可以在雙方同意的情況下進行，並帶給雙方歡愉的感覺，但卻欠缺了信任，因此它是從承擔和承諾扯離出來的。

事實上，很多單身人士都活在失去或沒有伴侶的世界裏，並且活在以往的暴力的記憶裏，將來也很可能再被侵犯。這也是一種守寡的生活，但就缺少了兩人共享生活的記憶片段，也沒有在死後重聚的盼望。

就連不濫交的單身人士也過著守寡的生活。她仍為單身，在某程度來說，因為還沒被選上。在夫妻制的社會裏，如果獨自去參加聚會、坐在教會裏、去商場購物，而自知沒人跟自己情定終生，是件極其痛苦的事。你發現，當你走上樓梯回到住所時，沒人為你開燈，或者確保裏面沒有入侵者。你把車開到車房修理時，沒人幫你跟修車師傅交涉，免得他趁機敲你一筆。而且，你的車在修理的時候，誰送你上班？除了這些現實生活上的挑戰之外，一張牀有兩邊，但卻只有一個人用一邊。在數不清的情況下，單身女士跟寡婦承受著相同的痛苦，但就多了一樣，就是她還沒被選上。

所有的守寡生活都偷走了我們在親密關係中享受的喜樂，切斷了我們跟配偶的連結，而只有配偶給我們的名字才能讓我們在世上找到最親密的感覺。我的妻子能在一天裏用幾個名字來叫我，世人別無他人能這樣做。並且，我有一個名字——一個隱祕的名字——只有妻子能叫，別人都不可能聽見。當我們相隔異地，她就叫這個名字，想讓我知道她的關愛是多麼的深、多麼的可愛。當她一哼這些字音，我就知道要豎起耳朵來聽，因為接下來的是叫我的名字最多的人要說的話，而她的話充滿了甜蜜的暗示，使我隱隱聽見自己將來的新名。我的妻子給我的名字比世上任何人都多。

我不敢想像假如她有一天安息主懷，我的生命將會如何。我想像不了每天沒有她，能怎麼活下去。如果她不在，我將頓時又聾又盲，身體和靈魂所經歷的最真的喜樂將煙消雲散。我說話的能力也將被帶走。在希伯來文中，**寡婦**指「結舌」，就是指失去說話的能力，因為在這種痛失摯愛的慘況裏，除了「帶我離開這裏」之外，人還能說甚麼？

成為寡婦的羞恥在於，當我們孤單一人時，無法掩飾內心的赤裸裸的渴望。我們成為寡婦後，揮不走對以前曾享受過的喜樂的記憶，但這種喜樂已一去不返了。我曾經聽一位七十多歲的寡婦說，她每天早上泡咖啡之前，仍然拿出兩個杯子來，因為她在與丈夫厮守的五十多年裏一直都是這麼做。她滿佈皺紋的臉上流下淚來，她說：「我知道他已不在了，但我的手總是記不住。」我跟她說，希望她的手永遠記住他的存在。她聽了，別過臉去，覺得有些不好意思。她的渴望在喪夫多年後仍未褪減。這就是愛的風險和沉重。愛呼召我們要獨個赤裸裸地活著，內心卻湧著摯愛重返身邊的渴望。

有了愛，我們就有了正確的名字；有了愛，我們就找到了最真的故事。我們只有在與父親、朋友、情侶的互動中，經歷了分離、背叛、矛盾，才失去了名字，變得一無所有，赤身裸體，才能聽見新的名字，展開新的故事。我們必須先失去名字，才能得到新名，知道真的名字、真的故事。我們被叫作「孤兒」、「寄居者」、「寡婦」的時候，就展開了新的旅程尋找真名。我們能夠為了克服成為孤兒、寄居者、寡婦的悲劇，而向上帝放在我們心裏的熱誠說「行」嗎？我們如果選擇逃避，而不是擁抱悲劇，從痛苦中學習，就會蒙受雙重損失。我們不但已承受了悲劇帶來的痛苦，更因封閉了自己的心而令痛苦加深。

令我們心碎的無論是甚麼，都能激起我們的憤怒。我們只有在憤怒時，才有能力喊出：「不行！」我們必須對在自己身上造成的傷害說「不行」，才能制止暴力的循環，使別人免於受害。我們如果對悲劇敞開心懷，就會對自己、對別人更加溫柔。溫柔使我們得到釋放，可以對痛苦中的人、對需要我們關愛的人說「行」。悲劇使我們作好準備，成為我們本應成為的人。

我在與悲劇搏鬥的時候，找到了自己的名字和故事。我因悲劇失去了名字，要麼就從此完全失去名字，要麼就面對悲劇，找出自己的真名。生命的悲劇，無論是大是小，都把我們的性格勾勒出來，使我們用另一種方式活出生命，就是活出上帝計劃使用和更新的生命。

悲劇在問：「你願意與使你心碎的遭遇爭戰嗎？」它在呼叫：「你願意在爭戰之中讓上帝更新你嗎？」兩個問題都鋪下前路，讓我們前往迎接上帝寫在我們生命裏的性格和呼召。

講述你的故事

你在生命的哪個階段覺得上帝沉默不語？列舉你經歷以下各項時的情景：

- 成為孤兒，失去父親，失去保護；
- 成為寄居者，孤單一人，沒有朋友；
- 成為寡婦，被人拒絕，或沒被選上。

第六章

你的召命

透過你的生命主題來彰顯上帝

上帝在人類歷史和你我的短暫生命中運行，不像操縱木偶的人，設定場景，舞動絲線；卻像偉大的導演，無論我們被命運指定了怎樣的角色，都能在旁提醒，告訴我們，我們只要打開耳目和心扉，甚或即使有時沒有那樣做，但我們可以如何演繹這些角色，以至使整個大型的人類話劇（包括我們自己的微小但重要的話劇在內）更加豐富、崇高、神聖。

布克納（Frederick Buechner）

日子到了，我必須作出決定：應該在備受尊崇的神學院任職，還是應該跟人一起在西雅圖創辦學院？我和妻子麗貝卡花了幾個星期左思右想，最後剩下的是在安全與瘋狂之間選擇。神學院的教職能給我安全感、不錯的工資，並且使我有機會教授自己愛教的課程。而另一方面，創辦新校似乎是件荒謬之事。我們需要籌募三十萬美元，但結果卻可能是失敗收場。

我到了最後一刻，必須在兩者中選定其一。麗貝卡的一句話結束了我們的討論：「你從來也不是中規中矩地生活，為甚麼現在卻要開始呢？」在幾秒中之內，我的腦海裏閃現出一個又一個的片段：我與麗貝卡如何邂逅，我如何被誘進了神學院，我如何遇見克萊布，進了輔導行業，我和他如何開設輔導課程……我和麗貝卡經歷了一件又一件的事情，這些事情把我們帶到此時須作出決定的一刻。也不知道是甚麼原因，我的思想停在我決志成為基督徒後聽的第一次講道上。

我當時是名充滿困惑的二十歲青年，已從事非法售賣藥品數年。我服務的小公司安排了從新供應商取藥出售。我後來得知，藥品的供應商涉及了有組織罪行。突然之間，我從中產的小型藥店主管晉級進入「大買賣」裏。在大買賣的圈子裏，有人持有槍械，買通法官和警察，並對不肯就範的商人進行恐嚇。我想退出，知道這意味著可能喪命。我難以解釋自己何以有勇氣逃脫出來，但終究是成功了。我知道，自己如果真的死了，一定會進地獄。更確切地說，我知道，如果真的有地獄的話，我的結局一定在那裏。

在我靈魂的深處，我相信有上帝，但自己另外的百分之九十八卻認為有上帝的想法是荒謬的。我無論做甚麼，都難逃一死，於是就對上帝說：「好吧。」那就是我當時的全部禱文：「好吧。」如果真的有上帝，那就好吧，如果沒有，我也沒甚麼損失。

我對福音有所了解，是因為摯友川普（Tremper Longman III 的名字）跟我講解過很多次。我自己也見過有人認識了耶穌，參加了一些查經講座，甚至進入我後來也去了的神學院。我對基督教的基本教義有所掌握，但覺得對我用處不大。不過，我仍因好友能從中得益而感到開心。

我在去晚間聚會決志的那天，白天吞服了不少迷幻藥，所以感覺像喝醉了似的。我踏進鄉郊的那間小小的長老教會時，渾身不自在。裏面的人和藹可親，我和川普在出口與入口的中間地方找了一個位置。我坐在一排座位的最外邊，放下心來，因為如果需要逃跑的話，可以隨時踏上捷徑。

崇拜開始了，會眾時站時坐，我搞不清楚他們為甚麼本來好好坐著的，卻又站起來。他們讀經，並向前面站著的那個身穿長袍的人高聲回應。他們唱歌，爾後低頭閉目，好像整個程序是已預先設定了的。是不是前面有些手語或暗令是我看不見的？很明顯的是，我需要一些時間來搞清楚眼前的一切。

接下來，穿長袍的那個人開始講話。我們打開擺在座位前的黑皮書，他唸了上面的文字，然後講解一番。我沒有看書裏的字，也沒有留心聽他講話。不過，我還是聽見了他提及巴蘭的屁股。我好奇地豎起了耳朵。

他講道的內容是巴蘭的屁股怎麼跟巴蘭說話。我心裏一片茫然。我環視四周，看來在座的沒人覺得奇怪。他講了一半，開始把「屁股」（ass，也指「驢」）改稱為「驢」（donkey），我才大大地舒了口氣，險些從座位上掉下來。

事實上，我大大地釋懷，幾乎想哭。會說話的動物還可以接受。我在迷幻藥的影響下，總聽見動物說話的聲音。但是，我如果信了教，就會聽見身體器官發聲的話，那就教我吃不消了。在莫名其妙的情況下，我當晚決志信了主。

信仰漸漸成為我生命的中心。多年之後的現在，我和妻子要為職業的去向作出決定。當麗貝卡說：「你從來也不是中規中矩地生活，為甚麼現在卻要開始呢？」的時候，我為甚麼腦子裏浮現出當年那間鄉郊的長老教會的情景呢？一個故事為另一個故事作註解。我和麗貝卡此刻在一個發展中的新故事裏，以前的老故事回來幫我們作出決定，這個決定將成為一個新故事的核心。我們最終作出了決定。我們要想在眾多的重要議題中理出頭緒，就必須平衡各種選擇、祈禱、徵求意見，不過，要在妻子閱讀了我的生命，認清並擁抱了我們蒙召要走的非一般的道路後，我們的決定才最終定案。

將來的生命需要根據過去的生命模式寫出來。我們不能預知未來，但可以閱讀過去的生活模式，了解上帝如何按自己的旨意來塑造我們。祂使用過去來為我們打開將來。我們學習閱讀模式時，就能了解我們的召命。

閱讀過去的模式

有一次，我跟妻子和朋友克里斯蒂（Christie）駕車外遊了半天，一起暢快地談天說地。談了一會兒，妻子問我和克里斯蒂：「你如果是一個英文字母，會是哪一個呢？」我覺得她的問題極其浪費時間。我們三個一起經歷過烈火風暴，這個破冰問題對我們來說未免太幼稚了。我們之間不需要打開話題來破冰，我們被冰敲破的次數比南極探險家遇上的還多。但是，克里斯蒂竟然一聽見這個話題就很雀躍，令我搖頭。她還補充說：「我們自己回答這個問題之前，不如先想想其他兩位是哪個字母吧。」我有些不情願，但少數服從多數，不得不跟她們玩。

我們之間進行了互猜遊戲，並為自己的猜測作出解釋。想不到，我們竟談得興高采烈。後來，輪到我做主角了。論到我是哪個字母，妻子說是「X」。克里斯蒂笑了，因為這跟她的想法不謀而合。妻子選「X」，是因為聯想到「X-treme」（極端）這個詞。克里斯蒂想到「X」，是因為她覺得我活在邊界上，在交叉路口，總是在踩界，也召喚別人越界到另一邊去。

我笑了，但覺得被逮個正著，原形畢露。我經常是比別人更極端。我活在劇力萬鈞的情節裏，常常需要面對危機、作出決定，而非處於自省默想之中。我被她們識破，又被她們抬舉，有些窘，儘管她們的意思是，跟我相處還算愉快，但如果我過分的話，也令她們吃不消。我們如果沒有現在的資料，就不能閱讀過去的模式，而現在的資料必須是來自不同的渠道，才能完整。我們不可能看清楚自己的面目。

我們如果想知道關於自己的真相，就必須與別人進行對話。是上帝把我們造成這樣。我們如果想知道自己是誰，就必須如飢似渴，充滿好奇，持開放的態度。我們必須細聽任何的風吹草動，例如一些閒談間的問題：「你一直以來都是這麼緊繃繃的嗎？」或「你看來對自己很肯定——你從來沒有猶豫過嗎？」或「你為甚麼似乎總是畏縮不前，一定等別人説完了才表達自己的觀點呢？」

在我們的整個生命中，各種各樣的人都為過我們起名。一些人殘酷地起了一些壞名字，目的是讓我們困在羞恥的牢籠中；有些人則對我們花言巧語，希望能從我們身上撈些油水；又有一些人，在漫不經心之間給我們起了名字，而這些資料讓我們反覆思考。現在就請停下來，想一想別人對你的觀察。這些評語是甚麼？你對這些評語有甚麼反應？你能在它們之中找出真相嗎？

請在這些資料之上加入你深思後的反饋——加入你發現的東西。你必須聆聽那些認識你、愛你、尊重你的人的評語。他們怎樣看你——你最好和最壞的一面？在你受傷、憤怒、害怕、孤單、自信、高興、安靜的時候，他們跟你在一起會有怎樣的感覺？如果你願意聆聽別人說與你相處的感覺，我保證你會驚訝，也會謙卑。

把點連接起來

你向不同的觀察者收集資料時，將開始察覺，一些詞句和意念反覆出現。這種重疊，就是常見特徵的反覆出現，構成了一種模式的輪廓。當你承認有這種模式，而它能道出你本相的一些特徵時，就是時候回顧過去了，並且要問：「這種模式是怎麼形成的？」

因此，要探究一下各種觀察的重疊之處。不過，也請記住一些用來描述你的詞句和影像可能並不一致。存在這種或明或晦的矛盾，原因很簡單：人性是複雜、不一致、自相矛盾的。我們既有愛也有恨，既為別人犧牲也孤芳自賞。我們一貫地前後不一致。因此，我們在閱讀過去的模式的過程中，必須接受現實，就是我們的本性裏既有很多的點要被連接起來，又有很多的空白。我們在一致與不一致之間真實地估量自己。

點與空白

假設你已經跟不少朋友，尤其是已經跟配偶和子女傾談過。你已經聽見別人說跟你在一起，最享受和最難忍受的是甚麼，你也許還有些激動。你現在收集了不少資料，並且不再進行自我防衛、懷疑、否定。你整理了資料，大概掌握了對自己本相的真實描述。你現在該怎麼做？

現在，你應該把各點連接起來，再著手於那些空白。把各點連接起來，是指把詞句串連成連貫的圖形模式，無論它是多麼的賞心悅目，還是多麼的不堪入目。空白是指毫無規律可循的那些詞句，它們似乎與你的整個圖形模式格格不入，或與其抵觸。你在閱讀自己的模式時——無論是連貫之處還是不連貫之處——就開始對自己的生命主題略有了解。

反映主題的模式

傾聽你的生命。它將給予你無數的詞語，描述你的本相和與人相處之道。這些詞語將幫你認清自己的性格和在生命中扮演的角色。

傾聽你的故事。它們顯示了你在整個生命中已扮演的角色的模式，當中肯定有分歧和令人費解的矛盾之處。人在成長中不免有演變和更新，但在三歲時的樣子跟九十三歲時總會有些重疊之處。一個貫徹一致的本我能維持一輩子，而一輩子下來，仍維持著的本我，就反映出你應該在上帝的舞台上演繹出來的獨特角色或性格。維持下來的本我，仍能繼續生長、成熟，展現出更大的榮耀，反映出你的召命主題。

主題是指不斷重複的、貫穿整個故事的意念或主旨。你可以先找出生命中的重複之處，再查看它如何把故事中千絲萬縷的情節統一起來。主題不只是故事的核心要旨或寓意教訓。事實上，一個故事或生命如果能以一番教訓總結起來的話，那就失去了其中的趣味。換而言之，一則有寓意的故事並不能反映出聖經裏記載的波濤起伏、錯綜複雜、怵目驚心、醜態百出的故事。真實的生命是豐富多采、錯綜複雜、充滿矛盾、驚喜不絕的，一直到結尾。這才是真實、真正的生命。這才是令你真實的故事。

此外，主題也是指生命的意義，這種意義如果用文字表達出來，就需要不斷地重寫，為求更確切地表達當中的真相。主題是可以宣諸於口的，但是，你如果認為我們可以把故事按系統來整理成章的話，就大錯特錯了，更不用談整個生命了。事實上，情況幾乎完全相反。我們在探究生命裏的故事時，逐漸看出主題的推演、意義的成長。我們進入一個過程裏，生活經驗在裏面孕育意義。到了最後，對於經驗的深層探究使我們發現生命的樂趣。這種情況出現在所有的真實故事裏。虛構小說並不只是一種意念的發揮，卻是形象化的創造，反映出基本的生命過程，我們在這個過程中積累經驗，從中找出意義。[1]

生命的主題並不是我們的使命、教訓或目的，而是讓走近我們的人看見我們生命的重要性，感受到我們的生命怎樣反映出或未能反映出上帝的屬性。

確切地閱讀你的生命主題

我認識一位女士，她全力呼籲人們走向因家庭暴力而失去安樂窩的人，與其並肩同行，她的生命使命就是透過這項事工來傳揚福音。她就是南茜．梅菲（Nancy Murphy），兼任西北家庭生命輔導中心（Northwest Family Life Counseling Center）和馬斯希爾研究院的家庭暴力倡護計劃的總監。她曾深受虐待之苦。她的首任丈夫在他們蜜月第二天起，就虐待她，長達十年之久。

南茜的故事記載了充滿沉默、羞辱、拒絕、絕望的悲劇。她當時選擇留在婚姻裏，是因為堅信上帝沒有給她別的出路，她只能堅持忠誠、順服。當丈夫對兒女的暴力變本加厲時，她終於逃離加拿大的土著區，開始接受教育和內心的醫治。這種經歷最後使她成為全美一間最重要的以信仰為本的治療中心的領袖。她的故事比任何荷里活電影都扣人心弦，但是，我描述她的作為時，並不稱其為生命的主題或召命。我們的職業、事工、家庭生活或友誼都只是環繞召命的背景。我不相信任何人的召命是做公司總裁、機構創辦人，或輔導中心的總監。這些都是不錯的工作或職業，但是，我們的召命並非指我們做甚麼——而是我們怎麼做。

南茜生長於溫哥華島的西岸，那裏荒涼險峻，與世隔絕。在這種世界最荒涼的海岸邊居住，交通工具屈指可數，其中最常見的是船。南茜跟父母和兄弟姊妹擠在一艘五十英尺長的船裏生活。她的父母是宣教士，向沿岸地區的土著居民傳教。她直到九歲時，才知道自己是白種人。她的靈魂和世界觀都跟土著居民一樣。

加拿大土著並不藉獎勵或褒揚某人的成就來使其鶴立雞羣。褒揚一個人，就等於貶抑了其他人。不過，南茜的確是位和藹、話語溫柔、實在、頭腦靈活、有智慧、勇敢的女士。我寫這些詞語來形容她，對她來說幾乎是殺了她。她容許我這樣寫，只是因為它們反映出她所重視的事，比自己的私隱或自在的感覺更重要，此事就是福音。

在今天，家庭暴力不是受歡迎的話題，因為能喚起可怖的影像，也容易促使一些人倡導改變，這些人滿懷怒氣，沒有耐性等待事情出現進展。這個令人羞恥的話題使衝動的活躍分子一觸即發，結果，大多數人不但不能前來跟家庭暴力的受害者共同進退，反而使之孤立無援了。

因此，南茜的做事方式令人費解。她溫柔而充滿熱誠。她專業知識豐富，但仍和藹可親，平易近人。她曾在美國參眾兩院和芬蘭赫爾辛基會議（Helsinki Conference）上發表演說，討論家庭暴力與性販賣的關係。一般來說，能有此榮幸高談見解的講者，都擺起架子，引用科學數據客觀地陳辭論說，不動情感地保持距離。但南茜則帶著熱誠，人性化地討論問題。她把聽眾領到痛苦和希望、夢想和危險前。她溫文爾雅，又有深度，在辯論的正反雙方之間穿插而過。

在我認識的人當中，沒有人能像她那樣豐盛地活出八福——破碎、弱勢、貧窮的人有福了，因為他們不但將得到安慰，還將承受地土。南茜的生命主題是：破碎、愚拙的人將獲得勝利，因為他們有狂野而難以測透的愛。南茜與其丈夫湯姆（Tom）是狂野而危險的生命，他們的生命主題反映出上帝願我們以德報怨的心意。南茜的召命是迎戰家庭暴力嗎？答案是「是的」。她進行輔導、培訓、教育，還帶領研究工作，並懇請別人睜大雙眼直視暴力的恐怖，以致他們能看清裏面，並看得更深入，看見對上帝的榮耀的盼望。

不過，南茜的召命果真是在家庭暴力這方面嗎？我認為，整個的答案是很難一言而蔽之的。南茜的召命是在家庭暴力方面，但是目標更遠大：邀請別人一起進入上帝謎一樣的恩慈裏面。你如果聽她的故事，將聽見她在家庭虐待中所受的種種恐怖的折磨。但是，她的生命主題卻顯示出上帝的奇異雙手怎樣使用最意想不到的人帶來最不尋常的改變。

生命主題定立了我們的生命軌道，這條軌道編織在我們要扮演的角色之中。我們要執行的任務只是走過通向上帝的舞台的大門。因此，怪不得生命主題多不勝數，跟人一樣多。不過，所有最真的主題都關係到我們每個人如何獨特地顯示出上帝的屬性。我們的召命是透過上帝編織在我們性格中的主題來顯明上帝。有關在哪裏（地方）、需要面對怎樣的破碎（問題）、跟誰（對象）、怎樣做（過程）等問題，在很大程度上都靠我們自己的選擇和恩賜來處理。一個人是在溫哥華島西岸土生土長的白種人，並不代表她不能在某日在參眾兩院出席聽證會。位置、時間、國籍、性別、年齡都不能限制上帝的創意和幽默。

我們一旦開始閱讀生命，就會蒙上帝呼召再進一步：我們將蒙召在自己的故事裏發揮一番。我們需要編寫自己的命運，並跟別人一起對我們的作品加以修改，使故事更動人、更真實。不過，我們必須先了解故事應向哪個方向推進。我們必須至少聽見召命的輕喚。

上帝的召命：它不是甚麼

上帝向我們發出召命，我們必須聆聽，並作出回應。上帝呼召我們工作、事奉，但最重要的是，祂呼召我們進入與祂的相交裏面。但是，大多數人一提起「召命」一詞，就總認為是工作清單、職位，或是願望清單。事實上，召命的其中一個真相是，它與以上各項均無關係。

它不是工作清單

我們的召命並非指上帝想要我們做的一堆事情，然而我們大部分人都喜歡按照清單做事。我們總願意把複雜的目標細分為一項項的小任務，就可以把它們逐一完成，加起來組成一個能實現的目標。舉例來說，我被問及怎樣寫書時，就說：「我不知道，我從來沒寫過，也沒能力寫。」寫一本書是艱鉅的任務，但寫十二個章節就不算太困難了。一個人如果沒學過將生命的目標和任務化整為零的話，就處於劣勢了，因為每件事情都看起來太大，難以完成。

因此，列出一張工作清單是需要掌握的技巧。不過，上帝並不是呼召我們做這個。祂的召命與行動有關，但我們很少是蒙呼召做一件單一或甚至是一件關鍵的事情。祂對我們的召命跟一項更宏大的任務緊密相連——我們的為人。我們並非做甚麼就成為甚麼，但是我們的確漸漸與我們所事奉的對象相像。這個過程也許看上去複雜，但其實很簡單。一位出色的鋼琴家可以演奏一首歌的音符，但卻沒有熱誠在其中。一位卓越的網球手可以專業無誤地擊球，但從來不能晉身百強之列。為甚麼？這與「心」有關，而是否有心牽涉到我們在崇拜誰或在崇拜甚麼。

就算在動物王國，像《壯志奔騰》（*Seabiscuit*）這樣的故事也是圍繞著無形但可見的「心」為主題。小馬海餅（Seabiscuit）天生矮小，受盡白眼，被以賤價賣掉。擅於騎術的騎師漸漸地把牠的長處發揮出來，巧用牠的傷患來引發一股力量，使牠在被駕馭得宜的時候，迸發無比的威力。

我對這個故事並不起疑。這在每個人的故事裏都發生著。上帝關於「心」的話語很嚴厲：

> 我厭惡你們的獻祭……別再獻燔祭給我了！公綿羊的燔祭和肥畜的脂油，我已經夠了；公羊的血，羊羔的血，公山羊的血，我都不喜悅……要學習行善，尋求公平，解救受欺壓的；給孤兒伸冤，為寡婦辨屈。[2]
>
> 我厭惡你們所有的表演和假裝——你們宗教節期和嚴肅會的虛偽。我不悅納你們的燔祭和素祭，也不顧你們的平安祭，要使你們歌唱的聲音遠離我！它們對我來說只是噪音。我不聽你們的音樂，即使是多麼的悅耳。我卻惟願公平如大水滾滾，使公義如江河滔滔。[3]

上帝命令祂的子民獻上燔祭，然後卻說：「我厭惡這些獻祭。」祂願我們盡心盡意地秉行公義——如此而以。宗教儀式，無論是祈禱、禁食、獻捐、獻祭、歌唱，還是跳舞，如果沒有公義的心在其中，都令上帝沒有胃口。活出公義就是指創造一個聖潔、美好、神聖的地方，讓榮耀生長。上帝並不給我們一張工作清單，而是呼召我們的心歸向聖潔和公義。

它不是職位

大部分人認為上帝的召命是呼召我們做一份工作。事實上，上帝的確呼召了青年耶利米去向人宣講祂的審判即將到來。上帝呼召了保羅（以前叫掃羅）去事奉他以前一直熱中殘害的聖徒。上帝誠然呼召我們去執行一些任務，做一些工作，但祂並不是因為我們特別能勝任而呼召我們去，卻因為我們是軟弱、破碎、無能的。

我不相信任何人是被呼召做一份工作或從事某一行業。我的生命召命並不是做作家、治療師、講員、教師、培訓導師，或是行政人員。我的召命是穿過任何上帝為我打開的門，為的是彰顯祂的榮耀。我如果做一間學院的院長，只是做一季而已，但我的生命卻是永恆的。我如果做一名醫生或汽車修理員，也是一樣：我被上帝呼召，並不只為了一個季度或一個原因，卻是為了永恆，為了彰顯祂的榮耀。我的召命是甚麼？是透過與我獨特的面孔、名字、故事有關的東西來顯明上帝的一些屬性，就是說，透過我的性格來彰顯上帝。

它不是願望清單

上帝的工作不是實現我們的頭五十個願望。我的女兒在大學第一個學期，需要列出一張清單，寫下她在人生中最想做的五十件事情。我很喜歡她的清單。我如果能在她那麼年輕時也有同樣的家課就好了。當然，現在也為時未晚。不過，令人困惑的是，在聖經中，沒有人需要思考這種事情。這種家課只在西方資本主義社會裏的中產或上中流文化裏才適用。試想像一下一個移民家庭的回答：「我想找一份工作，得到食物、衣服、棲身之處、教育。」

我女兒的清單裏包含了享受與犧牲、成長與學習、建立與拆毀、關係與理想。她做得很出色，能認清自己真的想做甚麼，但我對她說：「上帝並不是負責幫你成功地實現夢想——就算有些夢想是為祂的旨意而作出犧牲。」事實上，我相信，祂最致力於拆毀並重建我們的夢想。上帝在我們生命裏孕育夢想，讓裏面的渴望帶動我們，而我們在追求夢想的時候，就遇見悲劇，看清楚只有損失和痛苦才能顯明的更深層的渴望。

上帝呼召我們去發現自己內心裏哪種渴望呢？那就是除祂以外，別無其他的愛，別無其他的神。我們的召命是透過上帝編織在我們心中的主題和夢想來彰顯祂。因此，我們想要知道自己的召命，就必須看清自己故事裏的獨特軌道。

你的召命

我們應從閱讀自己的故事開始，並應經常是如此。故此，請一再地閱讀你的故事，到了時候，你生命的一些模式和軌道就開始從霧中浮現出來了。開始的時候，只有形狀，但隨著時間、祈禱和反思，你將看見，你路徑的輪廓慢慢地清晰起來。這不僅僅是一種頭腦上的操練。

我們不需要自己去找召命，召命自會找上門來。我們可以在召命飛撞過來的時候，把它接住，但通常都是早在我們發現它的踪影之前，我們已被它的網罩住了。我們是自己性格的演員兼作者，但是我們一般都是在找一種早已給了我們的東西，多於我們在創造那種東西。其實是兩者兼有、有軌可循的。我們既發現又創造。就是在這種雙重視角下，我們得以提問：「甚麼在打動我？我向甚麼、向誰說『行』？我將怎樣隨內心中深奧的渴望而行？」

上帝賜給我們渴望和意義，它們跟召命一起藏在我們的裏面，毋須我們刻意創造。說到被召命網住的情況，我的想法很簡單：我將事奉誰（對象）？我將在哪裏事奉這羣人（地方）？在這羣人和這個地方中，我將面對怎樣的罪（問題）？我將用哪些方法來處理這些問題（過程）？我們的人生召命一定與對象、地方、問題、過程有關。

上帝通常是在開始照亮你的故事、主題、召命之前，先把你跟這四方面問題的其中一方面聯繫在一起，藉以幫你略知自己召命的一二。例如，祂可能已在你的內心植入對拉丁美洲裔人及其文化的熱誠。或者，自從你跟家人去滑雪勝地魏爾山（Vail）渡假歸來之後，就對那裏的羣山念念不忘。無論是哪一種情況，你的心都被某種特別事物的神祕和魔力深深地迷住了。

問自己幾個問題。為甚麼你每當看殘疾人奧運會的廣告，就心裏隱隱作痛？你在生命中也許未遇見過有成長障礙的人，但當你的教會開展殘疾兒童的事工時，你就被深深吸引。或者，你也許很久以前已經發現，可以比很多平凡人幹得更出色。你未必是天才，但有堅持到底的恩賜。你能處理細節，從亂堆中理出秩序，並予以美化。對於一些創意非凡但無法處理文件的人來說，你的恩賜使你成為他們的救命恩人。

你有恩賜，有召命，有故事可講。你對自己的了解愈清楚，就能在接住召命和召命網住你的旅途上走得愈遠。當你對某種對象、某個地方、某個問題、某個過程說「行」時，你就已經被召命逮住了。

講述你的故事

你聆聽自己的生命時，將聽見「無數的詞語，描述你的本相和與人相處之道。這些詞語將幫你認清自己的性格和在生命中扮演的角色。」。你生命中的主題和模式彰顯了上帝的哪些屬性？你夢想能糾正哪些錯誤？你夢想能培育出哪些良善的果子？

第三部分

撰寫你的故事

第七章

撰寫你的命運

拿起紙筆跟隨上帝

如果我們能看見。如果我們能閱讀文字。如果，坐在高處，在我們命運的一眾作者當中，我們能閱讀自己的生命之書。它是寫下來的。已經寫好，完成了。但是，我們將永遠不知道自己的故事。我們只是其中的角色。並且設想，我們的書將有讀者。

海倫‧西蘇（Hélène Cixous）

在二〇〇一年九月十一日恐怖襲擊發生之後，大部分美國人都被電視機牢牢吸引著。一天之內，很多人在倒塌的世界貿易中心附近的牆上貼出失蹤親友的照片，新聞媒體開始追訪這些人。轉眼之間，我們變成一個充滿故事的國家。這件悲劇令人心碎，當我們看見受害者和痛失親友之人的面孔，聽見他們的故事時，這件事顯得更加真實，更加切身。

當意外或蓄意的暴行導致許多人傷亡時，相關的新聞報導駭人聽聞，但是我們顯得無動於衷，直到我們看見至少一個人親身講述他的故事。我們如果對一個人的故事一無所知，就幾乎難以感受他的痛苦。

同樣地，我們如果不知道自己的故事，就難以進入自己生命的痛苦之中。本書的前半部分邀請了你進入自己的故事，了解你自己的悲劇和家庭角色怎樣塑造了你。你閱讀自己的故事時，應該已經看出一些模式和主題，明白它們如何促使你對生命的各種選擇說「行」和「不行」。我祈望，你在看清上帝怎樣透過各個層面的經歷塑造你時，已經開始對自己和生命裏的喜樂和悲傷有更深刻的體會。

此時此刻，你可以自問：「故事裏的一些章節太痛苦了，又有一些章節我很討厭，我該怎麼辦？」我們都有難以理解的章節，一些還未滲透救贖的柔光的章節。你必須相信，你的過去有上帝的旨意在其中，已完成的章節最終是為了祂的榮耀和你能參與祂的救贖而寫的，這樣，你才能開始喜歡自己的生命。我們雖然永遠不能完全明白在暴行和邪惡之中，上帝的旨意是甚麼，我們只是單純地知道，祂不是罪的作者，並且，任何事情都不能妨礙祂最終的目的。祂使用痛苦和破碎，就跟使用平安一樣。

上帝從創天造地之時就開始寫我們的生命。祂不讓我們窺見故事的結果，直到我們來跟祂合著自己的生命之後，直到我們最終跟祂面對面為止。在今生，我們只能主要透過回顧往事來明白上帝的旨意。我們知道，上帝有主權，是無所不知的，但是，這個真理真的能裝備我們去愛生命中的**每件事**嗎？

我們可以愛自己的過去——甚至是那些我們迴避和懊悔的部分——條件是我們必須明白，寫我們故事的目的，是為了對別人將來的故事有益。我們只有在看見自己的故事能夠孕育新的、更有榮耀的故事時，才能真正地愛自己的生命。

詮釋你的生命——看清往事如何在生命印下意義——是學習愛自己生命的第一步。第二步也是需要的：你現在必須開始撰寫自己的生命，因為這樣能讓你在面對痛苦時感覺更敏銳，也能讓你發出更深的驚歎，看清上帝怎樣救贖了你，怎樣在別人的生命中使用你的故事。正因如此，上帝邀請你拿起紙筆跟隨祂。

拿起筆來

我們的召命是把自己的過去跟自己的將來連接起來，這項任務是艱鉅的，我們需要拿起筆來，根據自己講述的故事，撰寫那將要揭示出來的故事。撰寫生命故事的含義是重大的。把詞語寫在紙上能更有力地幫我們看清故事裏的現實。上帝已在我們的故事中彰顯了自己。因此，我們必須在寫之前看清我們的主題和召命已經揭示了甚麼。

不過，我們不能只回顧過去，也必須面對未知的將來。我們必須既看見已有的過去，又瞻望未知但渴望寫出來的將來。

我如果要撰寫自己的命運，就必須先承認，我呱呱落地之前，已有過去，而我出生後的許多東西都不是我寫的，而是已為我寫好了的。然而，我有令人害怕的自由去隨心所欲地寫，而上帝已把我寫成：我必須對自己的故事負上全部責任。

上帝不把我們當作木偶，扯著我們的絲線，讓我們在舞台上走動，眼鏡推上額頭，一條褲腳塞在皮鞋裏。祂也不把我們當作塑料玩具，把我們放在台上，然後等玩完之後扔回玩具盒裏。

我們只是彼此唇齒相依的生命，蒙上帝呼召，要在上帝的榮耀裏撰寫自己惟一的生命。祂告訴我們怎麼寫故事嗎？不。祂說話嗎？是。祂說得夠多、夠清楚，使我們每次問祂的時候都能知道寫甚麼嗎？不。祂說話的次數足以令我們知道祂存在，但也留下很多模糊之處，足以讓我們憑信心而非肉眼去生活。撰寫故事的過程將充滿未知數和風險，以及莫名的張力。

但是，在我們寫故事的過程中，必有路標為我指示方向——起點是上帝種在我們心裏的夢想。上帝呼召我們去夢想、計劃、撰寫。我們不用怕走得比合著者更快或更慢，或與祂並行。祂告訴我們：

> 我們心裏自有謀算，但上帝給我們正確的答案。人在自己眼中看自己為清潔，但上帝衡量人的動機。你所做的，要交託給上帝，你所謀的，就必成立。上帝所造的，各適其用。就是惡人也為禍患的日子所造……我們籌算自己的道路，惟上帝能指引我們的道路……我們抽籤，但定事由上帝。[1]

邪惡的動機、不正當的謀算、不義之人的詭計，都不能破壞上帝的主權。祂掌管宇宙，甚至能用惡來成就自己的計劃。但是，上帝有主權，不代表祂讓我們處於被動。相反地，祂呼召我們進行有智慧、有風險的創造。我們必須計劃，而祂則將指引我們。召命是清晰的：我們要按照聖靈的感動和催迫去夢想、計劃、撰寫。這意味著，我們必須按照上帝已經寫在我們故事裏的熱誠和主題來撰寫生命。

追隨你的夢想

你的夢想要麼就是前進，要麼就是逃跑，並沒有中間地帶。你要麼就只靠夢想來離開每天枯燥乏味的生活、懸而未決的過去、難以預測的將來，要麼就夢想進入風眼之中，為的是造就比自己更大的益處。當然，要夢想去一趟期待已久的歐洲之旅，並不為過；要夢想擁有大學學位或新的釣魚竿，也不為過。但是，在我們的全部夢想中，無論是庸俗的還是超凡的，都是夢想著逃回伊甸園或迎接伊甸園的再臨。

上帝賜給我們的夢想——我們要撰寫的夢想——把我們最熱誠的「行」和「不行」引發出來。把我們傷得最深的痛苦將逼使我們大喊：「不行！」而帶給我們最大的喜悦和歡樂的經歷將引領我們走向祝福，讓我們由衷地歡呼：「行！」

我們的夢想很少是清晰直接的。如果你曾被性虐待，並不意味著你將用餘生對那種傷害説「不行」。你可能把憤怒轉化為一種渴望，向恃強凌弱的暴行説「不行」。你的故事也許不是讓你去輔導受虐者，但卻使你樂於看見受屈者獲得勝利，看見被忽略、被蹂躪的人獲得發言權，重新得力。

我們最深的夢想總是涉及糾正錯誤、增進益處。就是這麼簡單。你應制止哪些錯誤？獨特的你被設計成要增進哪些益處？我們達到了個人的目標，未必就是我們開心的時候，除非我們的夢想關係到別人的更大益處。

你的夢想建立於一個「行」的熱誠上——也許是「我喜歡教聖經」——必須能促使你拋出骰子，讓上帝決定最後的點數。夢想可以很簡單，例如是在社區裏開個查經班。或者，你的夢想也許是：「我喜歡跟滿是油污的汽車為伍。」它就引領你冒險登個廣告，去幫助寡婦、單身女士、對機械不感興趣的男士掌控他們的汽車。夢想把你帶進水氣濛濛的現實當中：為你的夢想起名，再訂立計劃，然後跳進水裏去。

從你的夢想裏生長出來的計劃，最終將回答四個核心問題，我們接下來將加以探究。

我要服事誰？

夢想不是指遠離煩囂，去南部海洋的明媚孤島上去，也不是攀登珠穆朗瑪峯，或變成百萬富翁。我們內心最深處的夢想如果與別人無關，我們最後只得到權力和成就——只不過是一名自戀狂而已。我們最深、最真的夢想必須是為被剝奪公義、平安、希望的人帶來益處。我們被上帝寫下要服事的人也許包括各種各樣的人，但很可能是集中在某幾羣人身上。很可能是集中在某一種族、某一國籍、某一宗教、有某一種需要的一羣人。我們必須常常願意跨出自己的羣族，跟隨心裏的渴望去進入其他的人羣中——越野單車賽手、教會合唱團、受虐婦女，等等。我們的夢想必須與某類對象有關。

我要去哪裏？

這是夢想的地方問題。我們都受時空的限制。我可以飛往世界各地，但每晚必須只在一個地方，而非多個地方睡覺。我蒙召要服事的人身處甚麼環境裏？這個地方有地址或位置，因此受限於某城市或某區域的邊界內。我們都受位置的約束。

這個「地方」的問題使我們必須作出選擇，來限制自己。我們雖然很想有很多的選擇，但一旦選定某一個地方，就不能再選別的地方了。當然，一個選擇也許將打開更多的新選擇，但同樣地，各個最終決定都是在對某個選擇說「行」的同時，也向別的選擇說了「不行」。

我要負怎樣的軛？

每個人都蒙召要對付某種罪帶來的惡果。對於我們每個人來說，世上都有令我們流淚的問題，加深我們的憤怒，然後在暫時得到解決的時候，給我們帶來喜悅。

回答「人」的問題和「地方」的問題有助於斷定我們將面對的問題。例如，我們如果選擇服事密西西比郊區最富有的浸信會友，則所面對的問題將有異於在中西部發展中的市郊地區開設辦公室用品店。不同地方的羣體有不同的需要，即使兩個羣體相距只有數英里。

你蒙召要進行的服事——無論是經濟上、身體上、心理上、法律上、靈性上、關係上、創意上、思想上，還是康娛上的服事——都與上帝賜給你讓你發展的恩賜緊密相連。你已發展的一些技能也許令你發悶。你也許是行政能手，但卻討厭在堆滿文件的辦公室工作。問題不在於你的技能或恩賜被看輕了，而在於你未能在對你影響深遠的世界中善用恩賜。

此外，你的恩賜也會改變，上帝也許在你生命的不同階段中促使你嘗試新的恩賜範圍。例如，一個優秀的推銷員，多年來用恩賜說服別人，為人提供資料，此刻可能在從事教育，或離開僱員行列，自立門戶。所有這些考慮因素都在我們選擇處理何種問題時影響著我們。

我要怎樣參與？

回答「過程」的問題將確定你怎樣參與自己的夢想。當你跟隨夢想，在某個地方服事某羣對象，處理罪的某種問題時，就給相關環境帶來獨特的變化。你怎樣面對某人、某處境、某問題的方式，是獨一無二的。你以自己獨特的個性來擔負你的任務。

上帝希望我們能減輕痛苦、追求公義、促進和解、敞開心扉去愛人，同時也希望我們在做這些事情的過程中能彰顯祂的屬性。我們只為了別人而表現出色，或幹好份內事，是不足夠的。我們必須以自己獨特的方式來好好地幹，來彰顯上帝創造人的大能，祂喜歡透過最不可能的渠道來興起改變。

因此，我們的參與方式也許是祈禱、監督、教導，或者是事奉。或者，也許是玩耍、歌唱、演劇、畫畫。或者，也許是帶領、對質、修理、培育。我們以別人無法取代的方式各司其職，彰顯上帝的各種屬性。

舉個實例來說，我的女兒阿曼達（Amanda）是溫柔、靈敏、古怪的人。她比較散漫，對世上很多事情都不太關心。但是，她博覽羣書，才思敏捷，在全球的性貿易（sex trade）這一議題上，掌握的知識比大部分成年人還多。她充滿活力，勢不可擋。我記得有一次，她指著跟她約會的男生，他有些發抖，她義正辭嚴地反駁了他無神論的論點，然後笑著拍拍他的肩膀，讓他打開門，跟他一起出去了。我暗自思忖：**他今晚的旅程一定是驚險萬分的了。**

我們剛討論過有關對象、地方、問題、過程的四方面問題。我們必須回答這些問題，但不能期望答案是清楚直接的。我們也許知道要服事的對象是孤兒，但他們在哪裏？我們蒙召要處理他們哪一方面的掙扎？一個方面雖然搞清楚了，但其他三個方面可能還是含糊不清。不過，在這四方面問題上，有一點可以肯定，就是即使只回答了一個方面的問題，也能使我們跟上帝的關係更加密切。我們就是這樣尋找將來的——為了別人的益處來閱讀、喜愛、撰寫我們的故事。

你的雙視角的將來

我們一隻眼睛看著遠處的地平線，另一隻眼睛看著最近處的細節，就這樣撰寫將來的人生。我們既看近也看遠，但不能同時看見兩者，也不能看得同樣清楚。為甚麼？因為我們被焦點限制住了。就算我們向最近的雜貨店安全地走去，也必須時而聚焦近處，時而聚焦遠處，不斷地交替焦點。

大多數日子裏，我們的焦點是放在眼前近處，但我們很少只根據一刻的情況來作出決定。我過馬路，一般都是看準當時的環境才過。不過，一天裏的大部分其他決定都還要參照長遠的情況。我收到電郵邀請後，應該現在馬上回覆，還是等晚上跟妻子商量一下才回覆？而我跟妻子商量電郵裏的周末計劃時，還要顧及自己寫作這本書的進度，因為四個月後就要交稿。因此，我今天的電郵回覆牽涉到幾個月以後的截稿日。我們常常徘徊於近焦與遠焦之間。

無論我們是否有所覺察，我們的即時決定跟我們對將來的看法緊密相連。我應該買一幢房子，還是應該把錢存起來留到退休用？我應該在繁忙之餘仍到學院進修，還是安守收入穩定的工作，儘管我很怕十年如一日地幹同一份工作？我們在日常的決定中，不斷地在現在與將來之間游移。

同樣地，我們撰寫現在和將來的人生時，必須既看近處也看遠處。這個過程聽起來也許很複雜，將來的偉大故事影響著我們怎樣撰寫現在的故事，而現在的故事則在不停地限制或擴展著我們對於明天或以後的故事的創作。我們的故事像一本書，現在的故事成為一個章節的場景。現在和將來的兩個焦點必須互相參照地來看。

偉大的故事：主題和渴望

偉大的故事反映出你生命的意義：你到底彰顯了上帝的甚麼屬性？很明顯的是，這個焦點需要盼望的眼睛，讓你看清肉眼不能看見的東西。你必須想像可能的範圍以外的事情。你如果只夢想成就幾個大目標，是不足夠的。你在撰寫自己的故事時，必須記住，一個人的生命所彰顯的榮耀比看起來的更大。只是計劃去前進、探索，或去研究、學習，是不足夠的。我們的夢想必須彰顯那無法想像的事——就是我們將把上帝的屬性和榮耀反射進別人的生命中。

現在，是時候走到夢想之後，訂立個人使命宣言了。這個練習更有助於我們撰寫未來，而非僅僅考慮一系列的目標。一個使命宣言像是一副望遠鏡，幫助你看見肉眼看不見的地平線。訂立一個明確的使命宣言需時數年，而你在過程中必須認真地閱讀過去、展望將來。訂立使命宣言需要你挖掘自己的渴望、表述自己的熱誠、依循上帝在你生命故事中鋪設的軌迹。你要撰寫餘下的生命故事，就需要先訂立使命宣言。

訂立使命宣言必須態度謹慎，如果聽起來太堂皇其辭，就不能一矢中的，而如果太抽象，則不能清晰地勾勒出未來的輪廓。更差的情況是，有的使命宣言千篇一律，沒有膽識，沒有榮耀。你可以查看自己尊重的一些機構的網址，看看它們的使命宣言。那個使命宣言能感動你嗎？它能告訴你該機構願意為了甚麼而冒險、寄託希望、傾注資源嗎？還是它只是了無新意、宗教正確的口號，模仿著同行其他機構的聲音？

現在，試想一想教會的使命宣言。大多數教會都傳福音、招聚信徒、進行崇拜、建立社羣、關顧有需要的心、倡導公義，並且提供難喝的咖啡。大家都知道，並非所有教會都是如出一轍的，但是它們的使命宣言卻千篇一律。為甚麼？因為我們往往不願意把將來縮小到最主要、最貼心的主題上去。

據我所知，有一間教會想成為某一羣人的聚會處，讓他們能慨歎一般的教會是多麼的世俗化，不再尊上帝為大。這間教會希望能提供另一個選擇，讓基督徒從靈性敗壞中脫離出來。但是，這間教會的使命宣言以「大使命」和普世差傳為重點。另一間教會專門接待被嚴厲的教會拒諸門外的信徒，但是，它的使命宣言跟那間拒絕信徒的嚴厲教會幾近相同。我們很多人都不願意為生命訂立使命宣言，因為我們不知道如何下手，或者，我們怕根本是多此一舉。我認為，我們不能掌握使命宣言的力量，是因為未能把故事這個概念帶進思考的過程裏。我們的故事主題必須總是放在使命的前面，正如我是誰必須比我做甚麼更重要。因此，在有使命宣言之前，必須先有主題宣言。

主題放在使命之前

我的生命故事圍繞著羞恥、暴力、驕傲展開，因此，我的主題宣言應該反映出這條把我的各個故事貫穿在一起的線索。這就是我目前的主題宣言：**我的故事顯示出奇異難測的上帝，祂以愚拙轉化了羞恥，以恩慈轉化了暴力，以軟弱轉化了驕傲。**

我無論是做甚麼，怎麼做，為誰做，都必須活出故事的主題。最重要的是，我們是否正在活出上帝已寫下的故事——祂也邀請我們為同一個故事撰寫將來。我能既以學院院長的身分，又同樣以城內教會的助理牧師的身分真實地活出自己的使命嗎？也許是能，也許是不能。我們做甚麼是重要的，但更加重要的是，我們**怎樣**做。

在我的主題宣言的大前提下，我在重視秩序、穩定、公式化的環境裏事奉，比在重視創意、混沌、多元化的環境裏更難。我的故事充斥著羞恥、暴力、驕傲，因此，如果一個環境拒絕認識羞恥、承認暴力、揭露驕傲的話，就像試圖把我這個三角形的釘子錘進一個圓孔裏去。

此外，一個主題宣言必須能迫使當事人說：「那又怎樣？」這個宣言為這個世界和裏面的一人帶來了哪些衝擊？另一個人可能有一個極類似的主題宣言，但卻有截然不同的使命宣言。你生命的主題是重要的，因為它在塑造你的使命。

我的使命涉及到：「培養說真相的人，讓他們去擁抱那些能改變我們與人相處之道的故事。」我是教育家，也是講故事的人。我作為教育家，經常訓練別人去聽講發自內心的故事。但是，其他像我一樣既是教育家又愛講故事的人，有著不同的生命主題和使命宣言。於是，他們在課室裏活出與其他人不同的恩賜和負擔。只是說「我蒙召要教導人」，是不足夠的。教師必須知道他們的故事將怎樣塑造他們獨特的教導方式，而這種方式將塑造他們獨一無二的使命宣言。在我的召命中，我最希望看見人心的更新，使人能夠以十足的熱誠、掙扎、順服與上帝相連。這個個人使命塑造著我生命的夢想和目標。

我剛才描述的是偉大的故事。但是，我要想這種描述真的具有意義，就必須先走進眼前的場景來生活，這就是現在的故事。

現在的故事：背景與人物

我們的使命如果沒有了偉大的故事，就失去了廣度，而直到更偉大的故事紮根在現實處境裏，我們的使命才能發展深度。如果我們的故事不栽種在現實生命的泥土裏，我們最終將生活在幻想之中。我們很多人都在白日夢的安舒和封閉裏把生命消磨掉了。最令人悲哀的例子就是，終日夢想在博彩中贏錢的人。類似的例子包括，等待白馬王子出現的女子，或是工作表現平凡，但終日夢想著能坐進上司辦公室的男士。我們如果拒絕為將來冒險流血，夢想很快就化為幻想。

與此同時，現實就是，我們的處境已定，我們不能單靠意志來脫離特定的處境。我們不能擺脫與生俱來的缺陷。我們不能擺脫以前抽煙導致的肺病。我們已被上帝寫成要拿起筆來跟從祂，並按照自己的處境來夢想救贖的來臨。

例如，我如果從來沒有在某個地方從政的經驗，就夢想成為美國總統，是愚不可及的。我在撰寫自己的故事時，必須考慮自己的處境。同樣地，一名畫家如果只有一小幅畫布，卻用它來畫複雜的戰爭場面，將是不智的。並且，他如果只有幾種顏料，就必須用現有的材料來創作悅目的圖畫。

過去的悲劇和痛苦就是我們現有的顏料和畫布，用作繪出人生的圖畫。我們過去的印記形成線條輪廓，讓我們的創作充滿趣味、奧祕、意義。為甚麼不為我的大鼻、曲髮、敏銳的眼睛而感到光榮呢？它們曾帶給我煩惱，但也豐富了我的故事，這種故事是白膚金髮、碧眼高鼻的男孩不能講述的。

回到我們現在的故事。它有主幹、時空、人物，我們必須在遠眺偉大故事的地平線的同時，把它活出來。那麼，我們該怎樣面對目前的處境呢？要回答這個問題，我們需要考慮眼前的情況，再問自己三個核心問題：

- 我能擁抱和關心自己目前的處境，並為之感恩嗎？
- 我能對既已賜給我、又由我創作的世界負責嗎？
- 我能把故事和使命帶進目前的處境裏嗎？

讓我直截了當地說吧：我們大部分人都被目前的處境嚇破了膽。我們想從問題中逃離出來，以至可以盡情享受。但是，上帝的計劃不同，祂希望能以這些問題為環境，促使我們明白祂，並活出祂邀請我們為祂的榮耀而寫的故事。這就是說，目前的處境不只是讓我們來排難解紛或從中學習的，而是讓我們向別人彰顯上帝，並讓祂向我們彰顯祂自己。

我們如果不能因目前的處境而感恩，就會嘗試改變它，而不是被它改造。我們只有藉著關心和感恩，才能擁有現在，道出眼前的事實：我現在的模樣，並不是我想成為的全部模樣。在這種情況下，我就可以下筆寫新的一句，然後寫下新的一段，新的一頁，新的一節。接受了自己現在是甚麼、不是甚麼之後，就可以開創空間，在已知的過去和未知的將來中間，撰寫自己的故事。現在，是時候與上帝合著了。

與上帝合著

我現在是馬斯希爾研究院院長。剛開始的時候，我不想做院長。我在任期內犯的錯誤，比大多數犯了錯誤而又能保住飯碗的院長還多。我充其量只是個不情願的院長，我們的機構因為沒有真正全權負責的領袖而吃盡苦頭。

我為甚麼萬分不情願地去領導？部分的原因出於我的故事。母親在我生父因交通意外去世後改嫁，嫁給了一個跟我生父截然不同的人。繼父隨和寡言，不是家裏的指揮官，於是大權旁落。我是母親的至寵，因此可以任意妄為。我還記得有一天，他們問八歲的我，想不想在暑假旅行。我説想，他們就問我想去哪裏。我向他們要了一張地圖，決定去加州。我年紀輕輕就大權在握。我喜歡權力，但討厭責任。

最後，我因為拒絕承擔責任而逃離了這種權力。我回望四十多年的生命，一直在逃避領袖的責任。我領導別人，但只在主意和故事的層面上，而不是真的在組織和人羣的世界裏。

上帝把我寫進一個牆角。祂精彩地刻劃了我們的生命，把我們放在十字路上，讓我們選擇，要麼把祂的榮耀寫到極至，要麼熄滅夢想，拒絕想像未來。令我覺得可笑，或至少覺得諷刺的是，我在孩童時是領袖，繼而拒絕做領袖，然後被迫上領導之位，身不由己地領導別人，最後必須尋覓一位營運總監來負起我的日常領導責任。

我們的生命看起來複雜，但是上帝的計劃其實很簡單。祂呼召我們去

- 從任何地方出發，而祂將把我們帶往祂預備的地方；
- 從我們的長處開始，而祂將顯明自己，並使用我們的短處；
- 跟隨我們的渴望，而祂將在我們裏面培育祂的熱誠。

事實上，我們可能對刻下面對的財務和健康問題苦無良策，這些問題耗盡了我們的精力，偷走了我們的喜樂。我們該怎麼辦？我們應該下筆。

第一步是拿起紙筆，或用電腦鍵盤和屏幕，開始撰寫。首先把最明顯的寫出來：**我在面對怎樣的處境？**然後寫下你的渴望：**我想看見甚麼發生？**最好寫下有關同一個問題的幾種渴望。你當然希望債務和疾病都不翼而飛，但寫完最明顯的幾點後，要再寫你真的還想自己或處境中的其他人再多做些甚麼？寫好這些後，你再問更難的問題：**我可以給這個處境帶來甚麼益處，可以激勵我實現夢想？而我又帶來了甚麼害處，妨礙了夢想的實現？**

所有這些寫作都為這個最困難的問題拉開序幕：**我想透過這個過程成為怎樣的人、彰顯上帝的哪些屬性？**在撰寫現在的過程中，你必須回顧過去，為的是想像將來。

我在生命中，在面對自己為甚麼不願每天負起領導責

任的過程中，看清了很多以前不願面對的經歷。不過，我一旦感恩地擁抱自己的故事，重視自己眼下的責任，並願為將來冒險時，就能看清，我不能把自己的生命寫進日復一日的行政運作裏。

最後，我們要知道，自己的寫作過程不可以跟其他正在撰寫生命的人分離開來。我們必須在羣體裏書寫。我們必須把初稿（第二稿、第三稿、第四稿）交給出色的編輯，交給好朋友，他們不但看我們的現在，也看我們生命要講述的更偉大的故事。我們必須與上帝、與羣體一起合著，才能寫出更有深度和廣度的故事。我們接下來就走進與人一起寫作和編輯的過程。

講述你的故事

你在撰寫自己生命時，就更深入地走進痛苦和損失的場景裏。「你必須相信，你的過去有上帝的旨意在其中……最終是為了祂的榮耀和你能參與祂的救贖而寫的，這樣，你才能開始喜歡自己的生命。……祂使用痛苦和破碎，就跟使用和諧一樣。」在這個前提下，你對於那些經歷過跟你一樣的痛苦的人，能提供一些甚麼呢？

第八章

一起編輯

允許別人問「那又怎樣？」

幾乎所有出色的作品都始於一開始時下的苦功。你總要開個頭。所以，一開始的時候，就把一些事——任何事——寫在紙上吧。一位朋友說，初稿是「落」稿——你落筆把它寫下來；第二稿是「起」稿——你把它修改得好起來，試著把要說的話更準確地表達出來；第三稿是「齒」稿，你檢查每一顆牙齒，看看它是鬆了還是緊了，還是蛀了，或者甚至在上帝的幫助下，是健康的。

安妮．拉夢特（Anne Lamott）

我的一位朋友看完本書的頭七章後，說：「你真的以為我打算寫些東西嗎？」我聽了有些沮喪。我跟他談的時候發現，他對於自己的生命，連一個字也不想寫。他說：「我一直認為你用**撰寫**一詞是打個譬喻，所以愛看這本書。不過，後來搞清楚了，你原來真的要我寫些東西，我就想，**算了吧！**」

這位朋友是位聰明能幹的成功專業人士。他每天撰寫報告和客戶摘要，但出於某種原因，他一想到寫自己生命的事，就一動也不動了。像他這樣的人不只一個。大家推搪不寫的藉口有一大堆：「我不知道怎麼拼字；我的文法糟透了；我覺得沉悶；寫來幹甚麼；別人會看見；我沒時間；這麼做好像有些自戀狂；我的故事太痛苦了，我寫的時候有太多的情緒。」大家面對的掙扎有些像祈禱、禁食、贈送時面對的掙扎：因為我們不能做好，所以就選擇甚麼也不做。我們有一種何為出色或甚至是完美的作品（或祈禱、禁食、贈送）的形象，而由於我們無法實現理想的形象，於是不去冒險就成為更容易的選擇。

我朋友不寫的原因到最後剩下：沮喪感、徒勞感、恐懼感。他覺得沮喪，是因為有幾次試過發自內心地寫，卻發現不能說出自己的感受。他每次寫，都覺得詞語比起他的經歷來說，似乎太平板、太空洞了。寫作永遠是一種翻譯。我們從自己的裏面掏東西出來，從心裏往上拿，通過頭腦，再放在紙上。這種翻譯往往不能盡述全部的東西。更好地複述往事猶如分娩——非常痛苦。很多人都在他們的故事開始在詞語中出現深度之前就放棄了。

我朋友的沮喪導致了徒勞的感覺。他直截了當地說：「為甚麼明知這件事非常困難，又注定失敗，還要去做？」失敗的意思不但是指辭不達意，也包含了「那又怎樣」的徒然感。我一旦寫下了自己的一些經歷——那又怎樣？我重新理解了五年級轉新校所經歷的困難，或在初中體育課上被嘲笑的痛苦，又該怎麼辦？謝天謝地，那些日子總算過去了。現在面對困難的日子，需要的是行動去解決，而不是寫作。寫東西似乎沒甚麼意義。

回應這些問題並不容易。幸好，我朋友是出色的運動員，定期做運動，於是我把寫故事比作跑步。很少人覺得跑步本身是輕鬆自在的。但每一天，就算是短跑也能增強體力，讓身心更有力地應付當天的繁務。同樣地，寫作，就算是寫幾句或幾個詞，都能使我們跟現在的生命面對面，呼喚我們去發現平時很容易忽略的真相。我說完後，朋友承認，他不願意寫，其實跟恐懼更有關係。

我們不願意把往事挖出來——尤其是把裏面的傷害、悲劇、虐待挖出來。把它們寫下來，就更難逃避生命中的現實。我朋友承認，當他只寫了幾句過去的事，就覺得往事變得更真實。在這個過程中，你被迫讓以往的傷害和掙扎白紙黑字地呈現在眼前，直入內心，而不能任其溜走。在這些寫下來的語句面前，我們比在任何其他地方都更覺得赤裸無助。我們懼怕這個，所以就避而不談。

然而，現實就是上帝出現的地方。現實也許是痛苦的，但是，我們如果想與上帝見面，就必須走到那裏。寫故事是可怕但又美好的禮物，我們用來獻給上帝，是帶著救贖的盼望的祭物。

我們可以寫幾個小時，也可以寫幾秒鐘。我們可以寫日記、日誌、場景、夢境、計劃、散文、詩歌、使命宣言、清單，也可以寫致已故施虐者、朋友、父母或上帝的信。我們下筆寫第一句的時刻，世界開始改變，因為我們不能只寫一句。一句話，一系列由衷的詞語，無論語法、拼法是否正確，都在呼喚第二句。兩句一起渴望第三句加入。你如果寫了三句，就無可避免地寫更多的句子。你寫著寫著就發現，你那訴說真相、改變生命方向的作品必須有一位編輯來閱讀。

信得過的編輯

我們必須把自己的生命故事拿給別人閱讀。我們必須給最信得過的人看。否則的話，自己的故事暴露在別人眼前的赤裸經驗將帶來羞辱感，使我們逃跑。

前幾年，我寫了一本名為《孩子如何栽培父母》（*How Children Raise Parents*）的書。我第一次向一組人朗讀部分手稿時，發現困難比想像中更大。我覺得自己裸露在別人面前，非常脆弱。我不知道別人怎樣看我的作品，朗讀的時候幾乎不能抬眼。我怕看見對方的表情。

如果是朋友當著我的面閱讀我的作品的話，情況也是差不多。我看著對方拿筆圈起一個詞、劃掉一個短語，或者在邊上寫下評語，就不禁問：「你覺得怎麼樣？」邀請別人看你的作品並作出回應，是需要很謙卑的，而我們如果想知道自己故事的真相的話，就必須這麼做。

我的著作承蒙編輯的悉心照料、慷慨支持，使我一想到他們的默默耕耘，就心裏感動流淚。每本書都有一位專業編輯跟進，但我也有幸蒙很多朋友在作品沒擺在編輯桌之前閱讀了每一個章節。這些朋友像是接生護理員，每個人在過程中都全情投入。

出色的編輯和最初幾稿的任何熱心讀者，都是助產士。他們一方面溫柔地加以安慰，不讓產婦為自己的呻吟而感到羞恥，也不嫌棄血污，另一方面又堅定有力地要求產婦專注地用力，在適當的時候按陣痛的節奏生產。親密的朋友一邊閱讀，一邊問好的、難以回答的問題，邀請我們挖得更深，看見地平線，再接著回答這個問題：「那又怎樣？」

挖得更深

我們如果寫日記或日誌，很少需要重寫。這種寫作記錄了當天的節奏和我們的內心世界，為其他寫作形式提供了素材。然而，當我們寫生命中的一個場景，或為故事的主題起名，或聚焦在使命宣言時，就必須先寫，然後再三地重寫。重寫能使我們在自己故事的泥土裏挖得更深。

這種挖掘是重要的，因為所有寫作都留下空白。這些空白形成了深度，只能靠反複地深究才能挖出來，而進入故事的空白，是需要出色的編輯客觀地閱讀的，因為他為文本打開新的視野。新的視野令我們看見前所未見的景象。

朱迪（Judi）是馬斯希爾研究院的學生，有一次來跟我面談了二十分鐘。我們的討論進行得不錯，但她十分認真嚴謹，確保說出的每個詞都清晰、恰當。於是，五分鐘以後，我已經為她覺得累了。我不禁問她：「你以前有沒有試過跟任何人輕鬆稚氣地談話？」她似乎一怔，但眨眼間又恢復了沉著的樣子。

我緊逼了一下：「我猜，你總是家裏最負責、最勤奮的人。你似乎不能好好地休息。」她一語不發，點了點頭。我問：「如果你進了學院，在跟我們一起的日子裏，試試讓別人比你更負責，會是怎麼樣？如果你只是嬉戲，而不是每科考第一，不是爭先回答問題，而是把事情弄糟，就像以前從未允許自己做過的那樣，會是怎樣？」

幾個月後，我又跟她會面。她告訴我，上次我給她的建議，就像在建議她去吸毒、把頭髮染成粉紅色、為共產黨做事，對她非常冒犯。她用了幾個星期才能想清楚，她除了覺得我對她生命的看法是錯誤的之外，還覺得有種東西在牽扯著她。她開始以新觀點看自己的生命。她在家是長女，小時候已經發現母親不可靠、不誠實。她母親有時候說沒用的謊話，或者從麵包店拿走麵包而不付錢，有時候拿起一本書看得入了神而忘了為家人預備晚飯。

朱迪是母親的安全網，是手足的代父母。因此，她才二十四歲的時候，已成功地成為牧者、校園輔導員、教會幹事、推銷員，就不足為奇了。她已在自己的教會獲選為新一代的婦女事工聯絡人。她的召命看起來明確而清晰。

但是，我對她生命的看法，加上我的編輯問題和評語，把她推進窘境。她開始問自己：**這真是我的召命嗎？還是只不過在重蹈覆轍，做一個最負責的人？**朱迪的故事仍然在推演，但她已開始寫新的段落，寫下她想變成怎樣，而非只是依循熟悉、磨平了的老路。她最後可能仍成為婦女事工的聯絡人，也可能為自己的生命寫下全新的故事。

朱迪邀請了我閱讀她的生命，進入她的故事，思考裏面的空白和前後矛盾的地方，一些令人費解的地方。她在讓我做編輯。出色的編輯把沒表達的地方指出來，為的是把被禁止見光的生命接生出來。我們需要朋友為我們故事中無名的情節起名，讓真相顯露出來。出色的編輯也能幫忙確保我們不會隱瞞真相，並幫助我們思索故事對我們自己有怎樣的影響。

看見地平線

好朋友作為編輯，能用更遠、更高的角度來圍繞我們的故事行走，幫助我們不但看見從哪裏開始，還看見往哪裏去。這個編輯的過程引領我們透過故事的意義走向我們的使命。

十六年來，我不斷幫助受虐者進行維期一週的反省康復活動。我有幸陪伴他們面對受盡折磨的過去，跟他們一起為這些黑暗的日子而哀傷、憤怒，這些時刻為每個人都帶來很大的更新。很多參加完一週活動的人都追問會否增加一週。這一次，我正反思關於故事和寫作之力量的事，於是同意了。

我遇到的困境是，現在必須寫自己經歷的虐待，一如我要求學員寫他們的經歷。我以前寫過被虐者的痛苦，但從未寫過虐待過程本身。我開始寫的時候，經歷了回閃、嘔吐、憤怒、極大的恐懼。我甚至問，虐待到底有沒有發生過。

九個星期

每個艙房不足三百平方尺，在裏面，兩邊放了兩張雙層牀，後面的船板上放了兩張桌子。我們是在西弗吉尼亞州（West Virginia），當時是六月中，窗戶鋪上了網幕，防止蚊子飛進來。船的兩邊每邊有至少八個艙房，一排艙房靠河，另一排跟離靠河的艙房有二十碼，艙房的排列似乎跟軍營一樣。旗桿豎立在營地的前端。我在晚上能聽見熱風從窗幕吹進來的時候，外面旗幟被風拍動的聲音。這個聲音在提醒我，無論在黑暗中曾發生了甚麼事，第二天早上，新的一天將會來臨，我們必須立正，高喊「效忠誓言」。

我總是盼望早晨來臨，希望自己能徹夜長眠，不用被牀的破舊彈簧的嘎吱聲或快速的低沉呼吸聲吵醒。

我怕黑夜，還有另一個原因。在夜裏，營地教官講述以前營友的故事。一般先是一番嚴正的警告，任何人都不能擅自離開船艙。沒人敢在熄燈之後出去。我們每晚都聽他們說同一個故事，即使形式各異，都講述著以前的營友擅自出去，卻從堤岸滑進河裏，此後不見蹤影。故事其他的版本還提及了屍體，已被野獸撕開，腫脹起來，裏面全是膿，隨河水飄浮。我一想像《頑童流浪記》裏的吉姆（Jim）和哈克（Huck）突然在爛船裏看見浮屍，已經覺得夠恐怖的了，再想到如果被發現的屍體是**我自己**，就更是不僅不敢離開船艙半步，更乖乖地聽話了，為求避免遭此厄運。

我當時只有十一歲，又矮又胖，頭髮淩亂，滿臉暗瘡。我剛在四個月前的露營旅行裏發現自己有陰莖，當時童軍領隊讓我碰他那挺立的器官。在當時的一刻，我好像突然覺醒，才知道自己身在一個雄性世界裏，而其他人卻早已司空見慣。我開始聽見以前不曾察覺的事物——性笑話、冷嘲熱諷、挑逗。就好像我在此之前從未聽過世界上的這種語言。透過這個「引發」之舉，我不但有了耳朵聽，還有了嘴巴講。我吃驚，憎惡，興奮，好奇。

我還沒離開家往西弗吉尼亞州去宿營之前，父親說：「別告訴你媽，你要在外宿營九個禮拜。你到了以後，打電話回來，央求我們讓你留在那裏，我就能使你留在營地裏。」我知道他怕媽媽，但不知道他如此操控人。我照著他的話做了。

我一到營地，就打了電話回家。骰子拋了出去，遊戲經已開始，我不久就嘗到第一次的折磨。深夜裏，我艙房的男孩被迫離開牀，在營地教官面前脫光衣服。教官拿著短柄鞭，本來是用來刺營地的馬，迫使牠們狂奔的，現在用來刺我們的赤裸身體。現在，這種皮鞭用來摧殘我們，使我們失去人的尊嚴。我們必須一聲不響地呆立，對站在旁邊的營友視若無睹。

然後，他們命令我們奔跑。一羣赤裸的男孩在殘月下跑向棒球場。我因為住的艙房排第二，所以在隊伍的前面，但是，跑了不一會兒，雙腿健壯、身材瘦削的營友超越了我，我很快落在後面。一個教官笑我跑得慢，解開哨子，用上面的繩子鞭打我。我努力地跑，能感覺到自己的胖肚子搖搖擺擺。我無論怎麼盡力，都逃不過教官的折磨。他愈打，我愈盡力跑，但跑得愈慢。我肺裏的氣急喘著，愈來愈沉，我想跑離痛苦，但兩腿卻不聽使喚。除了屁股上的傷痕之外，更揮之不去的是他幸災樂禍的笑聲。他樂在其中地大呼小叫。我恨他，恨他的咯咯笑聲、怪異的消遣方法，也恨他的南方口音和銳利的藍眼睛。他從頭到尾都帶著愉快的心情來折磨我。他喜歡抓住我的肉在手裏擠。他答應我，我在離開營地時一定會非常瘦。他言出必行。在漫長、孤獨、恐怖的九個星期裏，他把我榨乾了。

我平生第一次寫這個場景。留到第二週的性虐待康復組組員閱讀並聽了我文字。有一位組員哭了，另一位不能直視我。我們的談話豐富而緊湊，他們的問題讓我展開聯想，這些聯想是我在寫初稿時沒想過的。一位組員問關於我面對父親的操控，失去童真的事。另一位問我，有沒有留意到自己對那個小男孩的身體的輕蔑。在交談之中，組員們鼓勵我進入鑲著羞辱的恐怖之中。

我作為組長，知道把自己的寫作交給別人很重要，但是從沒想過閱讀這篇作品竟然勾起了強烈的情緒，也沒想過談話能帶出新的資料。我總以為繼父是沉默、被動的人，從沒想過他是操控人的人。我自己的寫作都不能說服我。這段文字是我寫的，但它們破壞了我心目中繼父的形象。他可能只在這一個場景裏操控人，但不是操控人的人。組員們問我：「你心目中父親的形象一旦改變的話，你需要放棄甚麼？」我因應這個問題寫了一句，然後寫了一段，後來是好幾段，它們把我的心向更新的層次打開，讓我看見被棄的孤兒，也看見上帝聽見了孤兒的哭聲。

我的編輯們邀請我挖得更深，看見故事更廣的意義。

他們跟我一起挖掘，暴露出我繼父操控人的個性，但我不願意承認這個真相。他們再進一步，讓我望向地平線，認清自己走往真相要付出甚麼代價。當他們要求我認清代價時，我被迫面對簡單的真相：父親在母親難過不安的時候，利用我來安慰母親，讓她冷靜下來。他向我透露祕密，我要保守祕密，幫助婚姻不受損傷、不失活力。他背叛了我。他設計讓我保守祕密，我做得很好，甚至連虐待的事也沒透露過半句。我以為已經打破了沉默，透過講述、撰寫關於虐待的事情，已經認清了它。我的確已打破了沉默，但直到把它寫在紙上之後，才進入它帶來的傷害背後的含義裏。

出色的編輯問地平線的問題：這個旅途把你帶到哪裏去？答案總是在我們的視線之外。文字也是這樣。我們永遠不能完全地說出我們裏面的一切。愈是重要的，我們就表達得愈吃力。但是，編輯逼我們窺視已寫的文字之外，看一看文字把我們帶往何處。編輯催促我們再進一步，讓未誕生的文字透過痛苦的收縮生產出來，來到世上。

我積極地面對了父親操控人的個性和他的背叛，使我能認清長輩、導師、領袖的背叛。在哀傷的過程中，令我驚訝的是創造主天父的愛護。祂對我的滿腔怒火既不驚訝也不害怕，也不讓我忽視祂透過這些損失寫在我生命中的故事。祂的慈愛軟化了我的心，讓我能夠看清，我在被別人背叛的同時，也背叛了別人。在我因罪而蒙受的痛苦深處，上帝對我的羞辱既不驚訝也不害怕。祂的同在、祂有力的擁抱，把我心裏的一些冰塊溶解了。

是的，出色的編輯呼喚你來到地平線上，在這裏，上帝一直在等待，等著在你踏上歸途，回到祂的同在裏。這種家的吸引力讓編輯得以問最難的問題：「那又怎樣？」

再進一步，問「那又怎樣？」

你已聽了某人講述冗長、沉悶的故事，不禁想：「到底有完沒完？」同樣地，我們可能在聽完了精彩的故事後仍不禁問：「有甚麼意思？」兩個問題實際都在問：「那又怎樣？」故事無論是講得動人，還是乏味枯燥得比看著草生長還悶，我們都不免想知道其中的意義：我跟剛聽過的故事有何相干？

一篇作品很少能馬上轉化為即時的、實質的行動。也許一篇好的股市情報能令人上網，在幾分鐘內買入股票，但是一首詩很少能促使讀者馬上採取行動。

更可能發生的情況是，一首詩、一篇小說，或一篇雜誌文章，是供人打發時間、消遣的，也許在沒被馬上遺忘之前，為我們的龐大資料庫加添一道見聞。我們如果在看完每個電視節目、每齣電影、每首詩、每個小說後，都問：「那又怎樣」的話，會發生甚麼事情？我猜，我們根本就不會在這些娛樂活動裏浪費光陰了。

透過問「那又怎樣」，我進入意義和創意的領域，不再是消費者。這個問題迫使我根據所閱讀的文本創造和合著我的生命。試想像閱讀一首詩（暫且不談寫詩），然後問：**我將成為怎樣的人？我如果被自己寫的或閱讀的東西打動，到底是生命裏的甚麼引起了反應？我閱讀的或寫的東西打動了我的婚姻、友誼、事業裏的甚麼？如果閱讀或寫作故事不能打動我，到底是欠缺了甚麼？我怎樣跟更新我生命的故事相連結？**好朋友是出色的編輯，用心地閱讀我們的作品、聽我們的故事，心裏帶著藏在所有問題下面的問題：「那又怎樣？」

當我們的現實被認清時，我們被迫思考故事的深層含義。但是，我們不能就此止步。我們還必須提問並被問：你寫完以後打算怎樣？如果你所寫的打動了你，你會動一動嗎？如果你決定動身，打算去哪裏呢？你將冒甚麼險？你怎麼知道自己到了目的地呢？我們大部分人都不邀請一羣朋友來深入了解我們的故事，來認真思考「那又怎樣」的問題。結果，我們的故事，往往也是我們的生命，不能真正地邁向更新。我們如果不冒險行動，將永遠不會改變。我們如果不循故事的軌迹行動，將永遠不會改變。身為出色的編輯的朋友則邀請我們冒險前進。

我們的故事有很多東西有待挖掘，也有很多東西要被刪除，而深度並非惟一的考慮。出色的編輯也找機會開拓我們的故事，擴展我們的世界觀。我們需要的編輯，是能幫我們看見自己腳下地形的。這再次牽涉到焦點的問題。我如果太注重故事的細節，就忘了用宏觀的角度看自己的生命。

編輯的工作顯然是似非而是的。他幫助你看見故事的重點，但不能停留在那裏。編輯提醒作者往結局走，但不必受限於結局如何。我們知道大方向是甚麼，但過程中一定有轉折起伏，我們要尊重結局，允許它在我們無法預料、不予干擾的情況下發生。在這種情況下，我們必須忍耐，並敞開胸懷，讓無情的現實發生。我們必須像騾子一樣頑固地等待，直到故事寫完為止。我們等待的時候，需要記住，所有的結局都是新開端的甜蜜禮物，就算是地球的結局，也是永生的開端。

不過，編輯推動我們去的是短暫、不完全的結局。正如我們必須無情地置結局於不顧，我們也必須毫無保留地向結局邁進。我們不能寫個不停。我們最後必須採取行動去冒險。我們的風險就是單獨行動。我們採取行動冒險的時候，沒有朋友、配偶、同志同行。不錯，上帝與我們同行，但祂的同在永遠不能拿走所需的風險和信心。

弔詭的是，我單獨寫作的時候，是在為別人而寫。

集體寫作

我獨自負責閱讀、寫好我的故事，在空白中挖得更深，尋找上帝已寫在我生命中的渴望、熱誠和主題。同時，我不能獨自寫作。我身在羣體之中。無論是好是壞，我的故事濺到別人的生命裏。

雖然我的故事濺到別人的生命裏，並且所有人都跟我的成長有關連，但我不可以為自己的故事而埋怨別人。這是否很矛盾呢？我認為不矛盾，原因很簡單：我必須獨自站在上帝面前為自己的故事負責。很多人都對我有過或好或壞的影響，但我無法把一羣人帶到上帝的寶座前說：「是他們把我弄成這個樣子。」我們只有一個生命，但是往往一個生命是在很多生命的影響下形成的。在天堂的這一邊，身處羣體的故事裏令人歡喜，因為可以粗糙地模仿我們在上帝的故事裏一起享受盛宴的日子。

現在，讓我們進入故事的盛宴。

講述你的故事

你的故事不只是為你自己寫，也為別人寫。我們撰寫自己的故事，再交給別人編輯。在這個前提下，試想一下，你將在哪裏、跟誰講述自己最痛苦、最脆弱的故事。

第九章

故事的盛宴

幫助你重寫故事的羣體

我們獲得自由，是指「為另一個人而自由」，因為對方已經把我跟他綁在一起。我只有在與另一個人的關係裏面才獲得真正的自由。

潘霍華（Dietrich Bonhoeffer）

如果離開了羣體，閱讀和撰寫我們的故事就變成是孤單的事情。故事本來就是要告訴別人的，是讓別人聽的，也是讓人轉述的。我在馬斯希爾研究院跟柯克（Kirk）和赫特．韋布（Heather Webb）共事了十年多，記得他們很多的故事。最近有一次，我跟一些同事共進晚餐，席間央求柯克講述一些自己的「醜事」。

於是，他開始講自己初中時試圖約會的情形，我就品嘗著他精心炮製的小品，裏面把羞恥、痛苦、幽默、榮耀共冶一爐，滋味無窮。讓我覺得津津有味的不只是故事本身，還有他充滿人性的呼喚，喚起了我們大家的記憶，想起以前在青澀歲月裏一些最尷尬的約會。

我們大笑，直到流淚。他講的故事很可笑，窘相百出，把我們生命中的其他真相呈現在眼前。我們每個人都曾是刻意打扮的傻小子，卻不知道實際上是在自欺欺人。

故事是供朋友們一起分享的食物。我們蒙召既要撰寫故事、重寫故事，也要把故事講給別人聽，就是那些愛我們、為我們慶祝生命的人。我們需要那些思考我們故事的人，因為他們幫助我們把故事寫得更完整、更深入。不過，除了反饋之外，我們還需要歡慶。

我需要朋友跟我同笑同哭，如果沒有一個羣體讓我們在大家的故事裏互愛、共慶、分享盛宴裏的話，我就不可能寫出顯露自己的名字的故事，就更不用提更新自己的名字了。

與一個故事邂逅

我在佛羅里達州（Florida）的潘沙克拉市（Pensacola）遇見伊莉莎白（Elizabeth）。我跟朋友川普獲邀在聞名的潘沙克拉神學院（Pensacola Theological Institute）講課。數十年來，這個一年一度的會議邀請了不少保守的長老及改革宗派的一些矚目人物——我是指最耀眼的明星。我不知道他們為甚麼如此屈就，竟邀請了我，不過，我一知道這個邀請原來不是惡作劇，就欣然應邀了。

我和川普來到聖經會議的場地，晚餐就在戶外進行。一般在這種場合裏，大會都向講員提供很寬闊的座位，因此我和川普獨自進餐，過了不久，一對夫婦坐了過來。

潘沙克拉市的熱氣逼人，令人窒息，跟我們與伊莉莎白夫婦的談話氣氛截然不同。伊莉莎白來自南方，性格爽朗，不時為我們的談話加入一些有關舊約的新鮮問題和有關內心的討論。我們每天都很期待跟他們一起進餐。我們跟他們彼此討論各人的生命，談及歷史、痛苦、救贖、盼望。在很短的時間裏，我們成為了朋友。

我不太知道，原來伊莉莎白是位極具天賦的作家，也是位敢作敢為的冒險家。她從我和川普在會議上教授的材料中摘取了一部分，然後製作了一份學習指南，給自己教會的媽媽小組裏的婦女使用。之後，她跟她們一起展開了斷斷續續的故事盛宴。她們一起分享生活的點滴，閱讀各人的寫作，為現在的故事裏的榮耀（或困難）而歡慶或哀傷。

我們必須身處羣體當中，才能在撰寫自己的故事之後，真正聽見故事裏的意義。我們必須跟別人的心連結在一起，讓他們品嘗我們的故事，才能得到力量和勇氣，不斷地寫作、閱讀、編輯。我基於這個理由，在此請伊莉莎白講述她的故事和媽媽小組的故事，以及她們的故事盛宴。

伊莉莎白的故事

你也許在問，我在艾倫德的書裏出現，想幹甚麼？也許是因為我是有四名子女的普通婦女，但卻熱中於講述和聆聽故事。你也許拒絕按照艾倫德在前幾章的提議去做。畢竟，只有在他居住的世界裏，才有人喜歡為他們的故事苦心經營，並彼此分享故事。不過，在你避開他的邀請，放棄參與撰寫自己的故事之前，可以先閱讀佛羅里達州一間教會的媽媽小組的故事，看看上帝在這羣媽媽的故事裏怎樣工作。

媽媽小組的故事

我大腹便便地懷著第三胎，忙碌地工作著。我在懷孕最後一個月裏最有創意，這次，我開始構想一個為媽媽們開辦的小組。我已經有兩個小孩，對自己作為媽媽的召命滿腹狐疑。現在，我懷著第三個，開始驚慌。我需要幫助。我的異象是，有較年長（及更多）的孩子的媽媽，可以向我們這些較年輕的媽媽傳授實用的育兒心得，形式可能是一些短期講座，大概是為期四至六個星期。

我跟師母討論這個構思。眨眼之間，已經有一組媽媽每週聚在一起看錄影節目了。開始的時候，師母和我一起帶領小組，不久後，她專注在其他事工上，我竟成了小組組長。這項召命使我深深地懷疑上帝的智慧。不過，我沒有後退，謙卑地帶領小組，知道自己最擅長的是，坦誠地分享自己身為媽媽的種種不足之處。

當時是一九九三年，媽媽組從此生根成長。我們嘗試了新的活動，透過各種方法加深我們之間的關係——其中包括「故事宴」。「故事宴」始於一九九六年八月，當時艾倫德和川普．朗文來到佛羅里達州的潘沙克拉市教授一週的聖經會議課程。課程的題目是「崇拜與內心」，而講者是我聞所未聞的。不過，由於我有四名六歲以下的子女，我決定把他們安頓在大會的少年學院（Junior Institute）裏，自己可以坐在有空調的聖所裏，睡上一覺。

故事的偉大作者卻另有打算。我到達艾倫德的週二早上的課堂時，已經遲到。我瞥了一眼講題：「偶像與自我崇拜」，就坐下來，打算好好休息一下。畢竟，我家裏並非滿屋神佛。然後，艾倫德講了一個故事，直插我心——他講述了被人羞辱後躲進圖書館的經歷。他問了一個問題：「你在蒙羞的時候，躲到哪裏去尋找安全感和價值？」不幸地，我極其鍾愛圖書館。我被逮住了。我做了一件以前從沒在聖所裏做的事：我開始流淚。每當我的混亂世界倒塌在我身上時，書堆就是我的避難所。我不知道，原來自己所珍視的東西竟然可能是假上帝。

在那一週餘下的日子裏，艾倫德和川普聯手用話語喚醒了我，使我聽見上帝希望我聽的東西。在週三晚上，當那兩位同謀犯大汗淋漓地幹掉炸魚的時候，我走上前去，請他們離開：其實，我是建議他們第二天休息一天，我可以陪他們去滑浪、浮潛或釣魚。（我不惜一切地把聖靈趕走。）我忘不了他們當時的表情——川普一臉警惕，艾倫德則樂不可支，這使我趕快用一句話作結：「你們在這裏的表現好得過頭了。」

他們推動我向故事進發，我以前從來不知道可以走這麼遠。我很小的時候，就跑進書堆裏躲避亂世，在別人口中的話語帶著暴力和遺棄的世界裏，我發現故事裏的話語充滿了安慰。我在自己的筆記本裏一頁又一頁地寫下了自己生命的故事，大多數像滑稽劇主角的傳奇故事那樣記錄下來。我很小的時候，就直覺地知道故事是重要的，但是，現在我才睜開雙眼看清楚，我的故事並不是隨意發生的一系列事件，而是有迹可循、有目的的故事，其中一些情節讓人難以下嚥。

上帝在一個炎熱的佛羅里達州的夏天，把艾倫德和川普寫進我的故事裏，讓我重燃內心的火，為上帝的故事、上帝的話語而燃燒，也讓我睜開眼睛，看見深埋在窒悶的內心裏的話語。

在隨後的年月裏，我開始重寫自己的故事。我原先的故事版本是活潑的、基督徒化的，是在父母的敍事基礎上演化出來的。它大致是：「是呀，就是那種父母離異後不開心地成長的經歷，但上帝對我很好，為我預備了很多良師益友，他們培養我，給了我很多的愛。」那只不過是一種甜美的幻想。真相是：父母離異的時候，我才七歲，只在母親開車把我和兄弟從喬治亞州（Georgia）的卡敦羅頓（Carrollton）載往六十英里外的亞特蘭大（Atlanta）的短短車程裏，我就成為孤兒、寡婦，被逐出了家門。

我開始撰寫並重寫自己的故事時發現，我在那場離婚裏，不但失去了父母，也失去了自己的名字、話語、聲音。我第一次承認，一些進入我的生命中培養、教導我的大人是男性教師，他們濫用職權，用惡毒的方法把我的靈魂連結到他們的生命裏。他們把我對話語的熱愛連結到他們情慾的不軌意圖裏。然後，在扭曲的情節裏，他們給了我一個名字：「危險的女人」，並把它釘在我靈魂的深處。結果，我長年不能使用自己的聲音，不能擁抱話語帶來的感官快樂。現在，我逐漸找到了自己的聲音，尋回了自己的話語，並開始認清自己的名字。實際上，我的名字確實是「危險」，但卻不再是那些男人原來的意思。

我開始認清自己故事的真相時發現，別人也可能在講述自己故事的虛假版本。我生命的前進主題，也就是我的熱誠和召命，開始成形：去幫助人——尤其是孤兒、寡婦、陌生人——尋回他們失去的話語，回歸到他們被蔑視的故事裏，並且第一次閱讀他們自己的故事。媽媽組的婦女開始集體進行這項活動，我們每個人都獲邀請，為上帝在我們的靈魂裏留下的筆迹而歡慶。

第一次的「故事宴」

我第一次在媽媽組籌備「故事宴」時，天真地期望每個人都像我一樣雀躍，爭相講述她的故事。對我來說，這是一項很簡單的任務。我叫她們撰寫並講述一個救贖的故事。我跟她們說，有兩週的時間來預備。我派發講義的時候，她們困惑、驚愕的表情告訴了我，並非所有人都相信講述故事是件樂事。無論怎樣，在盛宴當天，十名婦女帶了美食和狂野的故事來參加聚會。

為甚麼舉行盛宴？因為在現在一次家庭聚餐只消十二分鐘的文化裏，盛宴是一種失傳了的藝術。然而，盛宴是聖經裏的重要主題。上帝的子民在指定的日子聚集在一起，思想上帝在他們生命裏的救贖。逾越節是以色列民族最重要的節日，其後就是無酵節。這兩個節日一起紀念上帝如何把子民從埃及拯救出來，並在他們的旅途中供應他們的一切。參加節日慶典的人包括羣體裏的每一分子，男的、女的、老的、幼的、孤兒、寄居者、寡婦。盛宴圍繞著慶典儀式的食物（肉、餅、酒）展開，這些食物是獻給上帝的祭物，然後大家一起分享掉。

然而，為甚麼身為基督徒的我們，需要一起在故事的盛宴上歡慶？因為救贖的故事摻和了哀傷的汗水及泥垢，以及新鮮出爐的供應所散發的迷人香氣。在盛宴裏，故事和食物為我們的身體提供了養份。很多查經活動都沉悶乏味——跟救贖相對立。我們聚在一起，把聖經當作是課本，然後在悶得幾乎入睡的時候，靠美味的閒話醒過來，也就是所謂的代禱事項。我們應該齊聲悔改。

進行盛宴還有另一個更重要的原因。在耶穌與門徒的逾越節筵席上，舊約的聖餐儀式被帶向一個新的、離奇的層面，耶穌基督當時說：「我實實在在地告訴你們，你們若不吃人子的肉，不喝人子的血，就沒有生命在你們裏面。吃我肉、喝我血的人就有永生，在末日我要叫他復活。」[1]（我總在想，如果艾倫德幾年前因聽道時聽見「會講話的屁股」而困惑的話，則幸好他最開始聽基督教牧者講道時，沒聽過這段有關「吃人」的言論。）事實上，我們領受聖餐的時候，是在分享基督的身體和寶血，以此記念人類歷史上最偉大的救贖故事。然而，我們跟從基督，不應僅僅吃祂的肉、喝祂的血。我們必須聚首一堂，獻上自己的故事為餅和酒，來維持羣體的生命。我們這麼做，就是慶祝那把我們標誌為基督徒的信心、盼望和愛。

分享三個問題

我們的「故事宴」的關鍵經文是：「耶和華的使者在曠野……的水泉旁遇見她，對她說：『撒萊的使女夏甲，你從哪裏來？要往哪裏去？』」[2]在最基本的層面上，一個故事的盛宴把會眾聚集在一起，思考天使話語裏的三個問題——其中兩個是明顯的，一個是隱含的：

- 你以前在哪裏？（過去）
- 你現在在哪裏？（現在）
- 你要去哪裏？（將來）

在羣體裏討論這三個問題，就開始了我們故事的編輯過程。在這個過程中，我們開始看見那隱而未見的，為那無名的起名，並夢想那不可能發生的事。當愛我們的人提出新的見解時，我們就準備好為了偉大作者的榮耀而開始重寫自己的故事。

你以前在哪裏？

耶和華的使者在夏甲被主人苦待而逃到曠野時，邀請她講述自己的故事。一個故事的盛宴的第一個元素是，有人獲邀講故事。因此，媽媽小組每六週停一次查經，邀請組員按正在查經的主題講述故事。在夏天，我們每兩週一次按既定的主題講述故事。以下是一些題目。

從嬰孩的口中。聖經告訴我們，上帝必管教祂所愛的。[3] 希伯來書十二章是有關管教的最著名的章節，它告訴我們，被上帝管教是一項特權。不過，你曾想過，上帝可能用你的孩子來管教你嗎？試在一次「故事宴」中講述一次經歷，說明上帝怎樣用你的一個孩子來反映你的、上帝的或世界的一些面貌。你即使沒有子女，也可能從別人的孩子那裏得到教訓。要不，可以分享你身為子女，教懂你父母的一些事情。

主動地回憶。在聖經裏，*zakar*（記念）一詞用於指「故事」。「*Zakar*」的定義告訴我們，故事結合了回憶和記念的概念。這個故事題目的聖經參考出處是約書亞記裏提及的用石頭作紀念。[4]在約書亞記四章，上帝吩咐以色列人從河裏取石頭帶過去。約書亞解釋道：「我們將用石頭作為證據。日後，你們的子孫問你們說：『這些石頭是甚麼意思？』你們就對他們說：『約櫃過約旦河的時候，約旦河的水就斷絕了。這些石頭要作以色列人永遠的紀念。』」[5]請在一次「故事宴」中分享你的故事，說明它怎樣成為你永遠的紀念，讓你記得上帝在你生命中的良善、供應或拯救。你對上帝在你生命中的大能工作有甚麼印象？

異象或夢想的破滅。這個題目的靈感來自大衛的故事。大衛夢想為上帝建造殿宇。[6]然後，上帝告訴他，建造殿宇的任務將交給另一位王。大衛大失所望，但他把深深的失望化為讚美。試在一次「故事宴」裏，講述你如何產生了夢想或異象，然後破滅了。上帝開了另一扇門嗎？還是上帝後來用意想不到的方法實現了你的異象（或夢想）？或者，試講述夢想得以實現的經歷，分享一下上帝是怎樣幫你實現夢想的！

在這幾年來的媽媽組裏，我聽過有趣的故事，也聽過悲痛的故事；有敬拜、掙扎、等待的故事，也有學校、夏天、跌倒的故事。我們一起聚餐，深信現在的豐盛美宴是在淺嘗將來天堂上的盛宴。我一般先略述一下小組討論的主題，然後由一名組員講述一個故事，「故事宴」隨後就在熱烈的氣氛下展開了。我們笑完了哭，哭完了笑，然後再問問題澄清真相。有時候，我們對故事和講述的人鍥而不捨地挖掘；有時候，我們靜默不語，給予故事所需的空間。「故事宴」的預備工作由回憶和撰寫故事開始，盛宴本身則給我們機會閱讀和編輯。盛宴過後，我們可能禁食，一起祈禱、哀傷、重寫。

為使你更清楚當中的過程，以下是媽媽小組的組員講述、編輯、重寫自己的故事的例子。或者，更確切地說，以下是「故事宴」中重寫靈魂的例子。

去年夏天的一次「故事宴」的主題是「異象的破滅」，我講述了自己在西雅圖（Seattle）的馬斯希爾研究院上課的掙扎故事。媽媽們積極地回應，並為我的故事進行精彩而充滿愛心的編輯，使我有勇氣重寫，並認清了掙扎的核心所在。以下是我的故事的精簡版本：

今年暑假，我在馬斯希爾研究院選讀了一門課，它令我深深地懷疑自己能否實現完成學位的夢

> 想，似乎這個夢想充其量只是件愚蠢的事，也許在最壞的情況下，根本不能實現。我已經在該學院裏唸完了六門課，每一門都大大地改變了我的內心。我每次從學校出來都懷著對上帝、對召命、對社會的更大的熱誠。但是，惟獨這門課卻令我覺得難以承受。課堂的氣氛充滿譏諷，我連續四天每天上足七小時的課，身體拉得繃緊。在此之前，我總是期待著「飛往馬斯希爾」一個星期，因為覺得這個外星世界其實是我的家。
>
> 然而，這個星期的課令我覺得自己像外星人闖進一個地方，而以前我以為在這個地方可以用自己的語言跟人溝通。我的世界消失了，我被扔進疑惑、絕望、痛苦。這門課的教授似乎把我標籤為立場對立、言辭激烈的人。我發現自己開始懷疑自己的直覺，又背叛了自己的話語，一時假定自己是愚蠢的，一時又責怪不太明白我觀點的人。最重要的是，我覺得很危險。

我這次的故事比上次較減略的版本更加詳盡，感情也更豐富。媽媽組的組員聽完以後，開始問編輯方面的問題，我努力地回答問題時，我的更真實的故事浮現了出來。

首先發問的是克莉斯蒂（Christie），她有智慧地問了一個問題，這是有孩子在唸書的媽媽都很清楚的問題：

「伊莉莎白，我們總跟孩子說，他們再等幾年，就能跟老師相處得更好了。任何像你唸了這麼多書的人都曾遇過難相處的教授。聽起來，這位教授似乎濫用了他的權力，但你不能因此就停下來。我不確定上帝是否想讓你這麼快就放棄。」

另一位曾聽我講述故事其他情節的媽媽觀察道：「不錯。而且，你似乎做了一些以前從沒做過的事情。你大膽地發言了。也許教授沒聽見你的聲音，但是，你真的打算因此恨自己嗎？」

這些朋友藉著評語和問題把我帶回「原來的地方」，使我面對未曾講述的故事，這個被人蔑視的故事卻是聖靈希望我能擁抱的故事。

未揭露的故事

我們需要記住，生命裏的主題和負擔是從傷口處發展出來的，當我們在羣體中講述故事的時候，別人將會問問題來幫助我們把未揭露的故事呈現出來。我已提過，一些高中的男老師曾給我起名為「危險的女人」。我遺漏了一項細節，就是這些男人是英文老師。我也遺漏了另一項細節，就是父親是大學的英文教授。最後，我也忽略提及自己也是英文老師。跟我分享故事的朋友向我指出這項史實，使我開始醒覺，我的偉大作者在我裏面寫了一個故事，這個故事裏的話語上和身體上的傷口，令我有打開舌結的熱誠——為孤兒、寡婦、寄居者尋回自己失去的聲音。

我從父親那裏首次學到的道理是，話語可以是引誘別人的有力工具。他是才華橫溢的英文教授，長時間埋首於準備莎士比亞、約翰·唐恩（John Donne）、馬太·阿諾德（Matthew Arnold）的講義。他口才出眾，學識淵博，魅力非凡。我記得從自己很小的時候起，他已經有一大羣女性追隨者，把他比作電影明星約翰·韋恩（John Wayne）和保羅·紐曼（Paul Newman）等人。在那個世界裏，我首次感受到話語、權力、情慾的相互影響，這種陰暗的道理成為我學術事業的一個主題。

父親是我的第一位編輯。在父母離婚後，我七歲時跟兄弟一起住在祖母家過暑假，寫信回家。父親會把我的信寄回來，上面的標點符號和句子都修改過。這是我倆私下分享的樂事，但是我內心裏渴望著自己的信能挽回父親，使他看顧我這個孤兒的靈魂。我願自己的文章能取悅父親的渴望，一直維持到青年時期。我總是先把作業給父親過目，然後才交給教授。他的批改總令我覺得，自己的話語不能挽回父親。

我到了三十出頭才開始懷疑：「丹麥國裏有些東西爛了。」我跟一位朋友討論了自己對寫作的恐懼和厭惡，我提到自己在大學時寫的文章初稿上的一句評語。父親亮麗的筆迹刻下了：**過分提及私事，甚為放肆**。朋友憤然地說：「你父親這麼做，奪走了你的寫作裏最可愛的東西——你願意與人分享的心。」

我其他的討論和反省都令我看清楚，父親是寧願出局也不出版的人，令人生畏。他用權力打壓我的心，扼殺了我的聲音裏最美妙的東西。他把話語用作工具來引誘人心往黑暗之處，忽視了我直覺知道的事實——話語是上帝賜的禮物，用來把靈魂帶向生命。

自然而然地，我一再地使用那沒能挽回父親的技倆。我尋找別人來做替代父親，試圖用話語來贏取他們的心。我在放學後等媽媽接的孤單時間裏，跟兩名高中英文老師成為密友知己。我正值青春期，沒有男朋友，約會也很少，於是把渴望傾注在這兩個不懂尊重我故事的男人身上。最後，他們都用我投資在他們身上的權力來餵養自己的幻想生活。

在我高中的蒙羞時刻，他們其中一個壓制了我的聲音，使我黯然。春天的一天，他輕快地走進預科班的一個發霉的課室裏，手裏捧著一堆卷子，上面放著一本雜誌。我當時跟朋友坐在一張長長的櫟木桌前。他走到我身後，把現在很出名的《時代》雜誌拋在我眼前，雜誌的封面是超級模特兒雪洛兒．提格絲（Cheryl Tiegs）。他嘴角滲著嘲諷，用冷傲、造作的聲音說：「有人跟你說過你看上去像雪洛兒．提格絲嗎？」一些女同學笑了，一些則對他怒目而視。我凝視著眼前桌子上的照片。

該期《時代》雜誌的封面是雪洛兒·提格絲的明艷照人的面孔的大特寫，展露出她的招牌微笑。但是，這位老師並不是給我看雜誌的封面。他打開了雜誌的內頁，呈現在我眼前的是，提格絲穿著暴露的性感泳衣為《體育畫報》（*Sports Illustrated*）雜誌拍的泳衣照。

我呆坐著，凝視著一個根本不像我的女人的軀體。我在這個男人身上傾注了尋找父親所用的話語和心，但他卻很明顯地用我來滿足他淫邪的幻想。此時此刻，我瞠目結舌。

在隨後的一年裏，這個模式又重複了一次。這一次，我無意之中在一個週五的下午陷入險境。我坐在大學學院的休息室，跟英國文學老師討論著形而上學的理論。上帝藉著學院的吉祥物，一頭名叫露茜的金毛尋回犬，拯救了我。我的老師坐在我身邊，我不安地覺得他一邊指著我課本裏馬維爾（Marvell）的詩，一邊愈坐愈近。他的話語露骨而淫邪，而我再次被迫沉默。

突然，休息室的門被撞開，露茜闖了進來。牠一般都很友善、溫馴，但這次卻面帶懷疑地嗅了嗅我的老師，對他怒目而視。在牠後面站著主人，是一位學校行政職員。他看見我們在那裏，顯得很驚訝。他的怒視使老師跳了起來，氣急敗壞地回答了大家心照不宣的問題：「我們只是在補一點課。」

這使我對自己有兩種結論。其一，我跟別的少女不同，像一個外星人，在週五的下午竟然留在學院的休息室裏；其二，惟一能解釋我令自己和別人陷入這種處境的名字就是「危險」。

我最後成為英文教師，是否真的令人奇怪呢？我決定從事這一行的時候，發現是因為渴望取悅父親，同時也是邁向自己所熱切追求的領域：閱讀和寫作，並且跟學生談論它們。我從沒想過把自己的職業跟打開舌結的召命聯想在一起。在回應天使問夏甲的第一個問題「你從哪裏來」的過程中，我追溯自己的故事時，才開始看見生命的作者在我裏面寫下的更偉大的故事。生命中的經歷把我帶到新的一章，給我新的機會對故事裏的悲劇說「行」或「不行」。

你現在在哪裏？

主的使者在曠野發現夏甲時，並沒有問這個顯而易見的問題：「你現在在哪裏？」不過，他的兩個問題令她檢視自己的困境。故事盛宴的其中一個果實是，在我們追憶往事時，無名的現在開始有話可說。例如，當我活在夢想破滅的故事裏時，兩位宴席上的媽媽使我看見過去對現在的影響。

在我唸那門使我極受困擾的課時，我原定在該週去碼頭接朋友拉拉（Lalla）。她是媽媽組的成員，來西雅圖參加艾倫德的一週康復課程。我原來的計劃是在她參加完艱難的一週課程後，給予她支持。然後，等我完成課程後，我們將一起飛回佛羅里達州。

不料，我們的現實卻跟計劃有出入。我按時開車到了碼頭。拉拉上了車，我卻哭了起來。拉拉的悲劇故事充滿了背叛和失落，令她失去了自己可愛的聲音。她跟我分享她的故事時，我照著她的名字給了她一些啟發。在希臘文中，「lala」指「說」或「講」。幾年以來，我看著拉拉找回了失去的話語，開始講述她的痛苦。在那個週末，她把自己作為活生生的故事送給了我。她說得不多，但她的先經歷破碎再經歷拯救的故事，成了能維生的記憶糧食。她的出現，使我不能否認上帝把我寫進她的故事，幫助她找回並使用自己的聲音。

在同一週裏，另一位媽媽，名字貼切地叫做「盼望」，餵了我一個電郵，提醒我過去怎樣影響著現在。她給我電郵的時候並不知道我正處於掙扎之中。她只是在反思自己在媽媽組的經歷。

> 我今天在思考著我們的出人意表的上帝，以及祂給你的召命。請看祂怎樣帶領你踏上旅程，從簡單的小組異象到如今……你曾想過今天能走到這裏嗎？祂大大地使用了你去鼓勵、教導、啟發那些尋找盼望的疲乏婦女。

「盼望」閱讀了我的故事，也寫了我的故事。她在我自己的故事中把我逮住了。

我們聚首一堂講述自己的故事時，就不能再自欺欺人，假裝上帝並沒有在我們的生命中寫下任何救贖的故事。有些人一定能記得。我在馬斯希爾研究院上的課令我幾乎跳進絕望的深淵，但是上帝在我面前擺放了拉拉那活生生的救贖故事。當我想放棄盼望時，「盼望」拒絕給我這個選擇。這兩位女士都在現在提醒我過去的經歷，以免我逃避將來。

你要去哪裏？

我們聚首一堂為故事歡慶時，就一起閱讀過去，為現在起名，並夢想將來。我們一起分享故事時，就彼此釋放愛的力量，使我們有勇氣再寫下去。

我在「故事宴」上閱讀自己有關失落和夢想破滅的故事後，第二天，收到了一封電郵，是一位可愛而才華橫溢的科學教育博士生寫的。她寫道：

伊莉莎白：

我昨晚看見你，本來很興奮，也好奇地想知道你在西雅圖的情況，希望你一切如意。看來，實際情況並非如此。看見你哭，我很傷心。

我想說：「別放棄夢想。」但我不知道上帝在你生命中的旨意。但是，別讓一小撮人破壞你的異象。也許在你所面對的痛苦和挑戰的背後，上帝有祂的意思。

我真希望自己的聖經知識能更豐富，就可以引用經文了。不過，我可以斷定，那些人是錯的。請聆聽信息，不論信息的內容是甚麼，並且信靠上帝。我自己也在找答案，有時候也問自己是否應該放棄一切，發掘別的熱誠。不過，我將不斷地向前進，直到上帝為我另開出路。

願你平安。

伊琳（Elaine）

我知道伊琳寫這番話其實冒了很大的險。她來媽媽組的時候，生命是破碎、驚慌的，就像她之前在「故事宴」分享的精采故事裏自喻的流浪狗一樣。

進入我生命裏的小狗絕望地渴望著愛，使我明白到很多有關愛的事情和我自己跟天父的關係。在很多方面，我就像「花生」，是自己的經歷的受害者，飽受傷害，極需要愛。我對人猛咬，不信任人。但

> 是，我渴望愛和接納，也渴望給予愛。就像我決定絕不放棄「花生」一樣，上帝也絕不放棄我。祂用溫柔的手和慈愛的心輕輕地撫摸我，即使我是在咬祂的手。就像我嘗試在身體和情緒上醫治「花生」，並且給它豐厚的物質生活，例如是空調、狗牀、食物一樣，上帝也在不斷地用祂的大愛來打動我的生命。[7]

透過伊琳的「花生」故事，我得以從更自由的角度看自己的掙扎。我跟馬斯希爾研究院的教授有意見分歧。我覺得他在與我們班裏的女士相處時有很多的問題。但是，我再次讓自己沉默不語。這樣一來，我漸漸變得固執和刻薄。我在咬他和一些同學。很可能我自己造成了一部分的不快經歷，使自己誤以為夢想正在破滅。

伊琳的信讓我覺得慚愧，但給了我盼望。愛的禮物促使我們回到自己的故事裏，拿起筆再寫下去。

我在羣體中分享自己的故事時，開始發現自己的「夢想破滅」的故事其實是一個「逃跑的故事」。在馬斯希爾研究院的不快經歷裏，我看見一個老故事的危險入侵。那是遠在我孩童時發生的離婚悲劇，是無法用我的話語挽回父親的心的失敗故事，是被高中男老師利用作淫邪幻想的虐待故事，也是在朋友面前被羞辱、聲音被壓制的故事。我看不起這個故事，渴望能忘記它。但是，分享我故事的媽媽們在閱讀的過程中，邀請我重遊過去，對現在恢復主權，進而能重寫將來。

有幾位老師都濫用了權威和權力，使我相信話語是引誘人的危險工具。我現在明白到，話語確實是危險的，因為它正是摧毀罪惡的武器，把人吸引到一切話語的偉大作者面前。事實上，道成肉身，為我們獻上，正是上帝選擇的武器。我在分享故事的盛宴中看見，偉大作者已用個人化的獨特方式在我裏面刻下了祂的榮耀，把失去話語的主題轉化為一種熱誠，去幫助被羞恥扼殺了聲音的人發言。

因為有婦女跟我一起分享故事，我不再渴望否認自己的故事。我在復活節寫完了這句話：基督在逾越節為我們獻上自己的身體。因此，讓我們保留這個盛宴吧。

開始的完結（艾倫德）

我初次遇見伊莉莎白的時候，並不知道我的故事怎樣引導她閱讀、講述、重寫她的故事，我也不知道她的故事將把我帶往何處。我沒有頭緒，只有一絲盼望，而盼望正是我們在故事的盛宴上歡慶時吃的東西。

我們人類生來是要為生命而歡慶的。我們被造就是要經歷流淚、掙扎、心碎、大笑、驚訝、喜樂。我們原是要在那些知道並喜愛我們故事之人的關愛裏出生的。

我們要寫故事、要生活下去，就要痛苦地獨自面對空白的屏幕或紙張。我們必須培養祈禱、禁食、贈送所需要的紀律，才能寫出創造生命的故事。我們也必須在羣體中閱讀和書寫故事，同時閱讀別人的故事。我們這麼做是為了上帝的偉大、榮耀、合一的故事。

講述你的故事

伊莉莎白和教會的媽媽組學懂了為分享彼此的故事而聚首一堂。（你如果想看「故事宴」的實況，請登入www.storyfeast.org。）你在哪個羣體裏分享故事（例如，在家庭聚會或教會小組）？在這些羣體中，你講述哪些故事呢？

第十章

傾心吐意的祈禱

懷著對上帝的敬畏和感恩來接受你的故事

如果這個世界寂靜得連一絲噪音都沒有，我能在自己的內心裏找到甚麼？我將是誰？當損失、危機或流逝的時間把成功、自尊的裝飾拿走，或者甚至把人格本身拿走，我將是誰？

凱瑟・琳諾莉絲（Kathleen Norris）

「讓我們祈禱。」

你每次聽見這句話，覺得是在邀請你還是使你惱火？在講道、教導、進食之前祈禱，是正確的事，但在享受閨房之樂、玩撲克牌、於超級市場裏購物時，是否也要祈禱呢？如果真的要不住地禱告的話，進去超級市場之前的禱辭又是甚麼呢？

我們如果把祈禱看成是宗教活動的話，就會枯竭。事實上，祈禱是介入一種複雜的關係裏，那裏面充滿了矛盾、神祕、荒謬，以及情節豐富的戲劇。祈禱若淪為一種活動，是毫無意義的。如果上帝是全知的，為甚麼還要向上帝祈禱呢？如果祂其實是透過聖靈來為我祈禱，而聖靈是用說不出來的歎息替我們禱告，那麼我們還能補充甚麼？[1]

這些問題的答案很簡單：上帝需要關係。這個答案只有區區五個字，但卻令情況更加複雜深奧。我向上帝說話、提問、報告，怎麼就能使我和祂之間的關係更加親密呢？上帝根本就說話很少，而如果祂是真的開過口，那一定是我聾了。我祈禱的時候，上帝在九成半的時間裏都是沉默的。也許你的祈禱能引出的上帝更多的回應，我的祈禱卻不然。不過，祂用的半成時間說的話足以令我無言以對，定睛向祂，傾聽祂神聖的話語。

祈禱翻開了靈魂的泥土，使地底下的故事土塊暴露出來。祈禱打開了我們的心扉，讓我們進入與上帝的對話，而這種對話往往令人手足無措。祈禱也變成一個場景，讓我們在那裏與上帝相遇。與上帝的對話把我們帶到上帝的面前，看清楚祂怎樣寫下我們的故事，又怎麼呼召我們寫自己的故事。直截了當地說，祈禱是對上帝這位原著者的順服。

赤裸裸的祈禱

上帝啊，求你鑒察我，知道我的心思，

試煉我，知道我的意念，
看在我裏面有甚麼惡行沒有，
引導我走永生的道路。[2]

有兩個人上殿裏去禱告，一個是法利賽人，一個是稅吏。有趣的是，法利賽人站著，**為自己**禱告說：「上帝啊，我感謝你，我不像別人勒索、不義、姦淫，也不像這個稅吏。我一個禮拜禁食兩次，凡我所得的都捐上十分之一。」相反地，我們看見，那個被社會唾罵、遺棄的稅吏遠遠地站著，連舉目望天也不敢，只捶著胸說：「上帝啊，開恩可憐我這個罪人。」[3]

我們活在這兩種禱告之間，一端是令人自以為是的感恩，另一端是令人不敢自義的絕望。我們應該感恩嗎？當然了。但是，我們很少把任何祝福作為不配得的上帝的禮物保存下來。相反地，我們假設自己做了一些事情換取了祝福，並把它緊緊攥住，好像是應得的。這種週而復始的循環可在以色列的歷史上看見。上帝的子民濫用上帝的祝福，以致陷入試探，想把祂的禮物據為應得的必需品。

另一方面，我們也存在著絕望，不安地渴望得到個人和集體的更新。在這種境地裏，我們說出最深刻、最上乘的禱告。祈求憐憫的禱告是在央求上帝抬起我們的臉，清除我們的污垢。絕望領我們來到羞恥之處，而我們故事的大部分都包含了羞恥。

在絕望的禱告之中，上帝邀請我們去愛祂寫在我們生命中的故事，甚至包括那些含有羞恥的情節。沒人願意去喜歡染上罪污和痛漬的故事，除非裏面的羞恥已經清除。然而，只有在我們選擇進入**所有**故事——包括帶來痛苦的故事時——羞恥才會消除。我們必須在上帝面前赤裸，進入情節裏，完全地接受祂寫的故事。

在上帝面前進入情節指的是，第一，我們必須進入祈禱的掙扎裏。我們不僅僅是按既定的次序，例如，讚美、認罪、謝恩、祈求，來說出一些甜言蜜語。當然，禱告是可以井然有序的。但是，只有促使我們坦露和介入關係的禱告，才能把我們扔在上帝的腳下，讓我們赤裸裸地跟祂摔跤，求祂祝福、賜予新名。只有這樣的禱告才能醫治我們。

具醫治力的禱告是一場摔跤比賽，這誠然毋庸置疑。不過，這並不是全部。在流汗與上帝角力以外，這種禱告還讓我們把痛苦的故事拿出來，把耶穌放進去，讓祂潔淨污垢，處理哀痛。你如果想達到這個目的，就必須主動地細查自己的記憶，**全面地**研究往事的意義。你不能只走幾步就停下來，然後想像耶穌的慈愛面孔帶來了安慰和歡樂，就當作是完成了整個過程。這不是與上帝摔跤，也不是醫治的禱告。

當然，耶穌確實帶來醫治。祂也確實對我們微笑，帶來安慰。因此，我們有空間想像耶穌的面孔出現在過去的痛苦經歷中。然而，很多人選擇這條路來作為一種靈性的切除手術。這種想像手段可以是一種捷徑，把故事作為製成品而束之高閣，以後不再拿下來閱讀。

把故事束之高閣，可以使人感到平靜安舒，但卻把更深層的痛苦和憤怒隱藏起來。這並非耶穌所為，而這樣除掉痛苦和憤怒也並非醫治之道。你這樣除掉痛苦，就除掉了憐憫。你這樣抹掉憤怒，就抹掉了對公義的渴望。耶穌並不取走痛苦和憤怒，而是把痛苦轉化為熱誠，把憤怒轉化為公義的抗爭。耶穌並不把令人不安的情緒束之高閣，讓人眼不見為淨，卻是轉化它們。

同樣地，上帝並不取走呻吟或憤慨。呻吟和憤慨孕育出熱誠，熱誠引發出我們內心的「行」和「不行」。除掉痛苦，就更接近沒了人性的機器人，自以為這種靈性的切除手術能令人更加快樂。

因此，醫治的禱辭並不把痛苦推在一邊，讓人安全地遺忘它。事實是，在醫治的禱告中，我們進入悲劇，查看每一個細節。醫治的禱告讓我們詳細地為羞恥的情節起名。它並不透過用神奇的替代品重構故事來取走痛苦，讓我們想像我們受傷的時候耶穌坐在身邊。事實是，與上帝對話的醫治過程，把我們直接領到故事中痛苦得無法命名的空白處。我們被帶往我們沒了耶穌不敢去的地方。這個過程並不用耶穌來扭曲我們故事中的痛苦。

當我們接近那些在我們身上烙下羞恥或哀傷的場景細

節時，藏在切除手術後的安全感和虛假的平安感之下的情節，就再次呈現出來。就在此刻，我們很想轉過身子背對痛苦，然後跑掉。我們卻必須與自己的拒絕之心摔跤，轉向上帝，並且大發脾氣，或者痛悔。我們最想要的是甚麼：是上帝？還是自己操控而得的虛假平安？

太快把耶穌放進場景裏，會防止我們的心進入真正的爭戰。我們並非不知道耶穌跟我們同在。我們知道，祂確實在場。恰恰是祂在場，卻沒有制止傷害，使我們沉進自義的盛怒中。祂為甚麼不回答以下的問題：

- 祢為甚麼不制止我父母離婚？
- 祢為甚麼不制止虐待？
- 祢為甚麼不制止意外？

無論我們問了多少次，用了多少力氣去問，上帝都不回答這些問題。事實上，祂邀請我們與祂同哭，接受祂的憐憫。祂跟我們一起怒吼，呼召我們拿起祂的劍，向那使我們心碎的惡勢力發動戰爭。

醫治的禱告在安慰我們的同時，也邀請我們去戰鬥。耶穌出現的時候既像獅子又像羔羊——敢怒敢言，溫柔謙卑。當我們在禱告中把自己的故事放進祂的哀傷中，跟祂同哭，服在祂的怒氣之下，並且擁抱祂除惡的召命時，就得到醫治。這個過程並不僅僅是心理上的溝通，或是刪除過去，卻是心的更新，使我們帶著更誠實、更有盼望的心進入現實之中。

我們若不赤裸裸地禱告，就永遠不能深入自己的故事，挖出痛苦的數據。因此，我們在前進和寫作的時候，必須祈禱。我們請別人為我們代禱的時候，必須把自己交給上帝。我們也必須明白，把自己的故事告訴別人的時候，也是一種祈禱，跟閉上雙眼，十指交叉地祈禱一樣。祈禱是對話的一種姿態，我們在與上帝的談話中期待上帝說話。否則的話，我們將不可能想像「不住地禱告」的意思。[4]

在我們祈禱時，我們的故事將更成形、更清楚。故事裏的一些元素帶給我們新的哀傷和憤怒，使我們與過去更密切，也更渴望見到將來。祈禱使我們的感覺更敏鋭，也激發我們，感動我們。結果，我們流更多的淚，也有更多的渴望。我們這麼誠實地祈禱時，就帶著更多的自由走過痛苦和羞恥的領域。赤裸的禱告最後把我們帶到上帝面前，跟祂討價還價。赤裸的禱告迫使我們向上帝要求一個不同的故事。

在禱告裏討價還價

在窗明几淨的商場和百貨公司林立的國家裏，人們難以理解講價的特性。但是，你如果在中東買肉或買工藝品，就會講價。在講價的過程裏，雙方很巧妙地你取我捨，擺出的樣子好像是吃了虧，但實際上卻都是贏家。這種雙贏的藝術是一種揉合了衝突、妥協、尊重的舞蹈。

同樣地，祈禱也是一種討價還價。這是與上帝講價。上帝想要我們針對自己將來的故事來跟祂協商。不過，連去想這麼做也是荒謬的。上帝是神：全能者、創造主、主宰。我們是有所欠缺的人，充滿瑕疵，是罪人，有時候拙口笨舌。我們怎麼能跟上帝講價？當我們開始用祂的話語跟祂交往時，就開始講價了。

你閱讀聖經時，就清楚地看見，對話能改變上帝；它能改變祂的看法，改變祂的想法。祂讓我們呼喚祂，告訴祂，祂像不公正的法官。然後，祂敢於後悔。祂因禱告而後悔，我們也是一樣。[5]

當然，你和我都是因罪而後悔，但上帝卻不是因罪而後悔，因為祂沒有能力犯罪。祂只能代表我們成為罪。這說得通嗎？不太通。這合邏輯、合理嗎？不太合理。上帝的後悔固然能用某種神學解釋一番（聖經卻使情況更複雜），它迫使我們撞在故事中不合邏輯的盤根錯節上。上帝在我們祈禱後會改變主意嗎？雖然講不通，但祂會的。

當我們進入故事情節時，又好像能講得通——或者至少在一個扣人心弦的故事裏能講得通。想一想上帝與摩西的令人困惑的對話。上帝召喚這個拙口笨舌的牧羊人進入法老的宮殿，告訴這個外邦王，希伯來人的上帝想讓他釋放這些奴隸。上帝在火燄中向摩西發出命令，摩西只是回答道：「我沒能力幹這個差事。」

接下來的是一番辯論，創造主在當中謙卑了自己。祂提醒摩西，祂是造人口的那位，是每個人故事的作者，就好像摩西忘了上帝是誰。摩西並沒有畏縮，即使是在閃著上帝榮耀的火光前。他拒絕去找法老王。於是，上帝賜了另一個辦法——給了摩西一位傳話人。

他們的對話豈止是奇特而已！

摩西說：「主啊，我素日是不能言的人，就是從你對僕人說話以後，也是這樣。我本是拙口笨舌的。」

上帝說：「誰造人的口呢？誰使人口啞、耳聾、目明、眼瞎呢？豈不是我耶和華嗎？現在去吧！我必賜給你口才，指教你所當說的話。」

摩西說：「主啊，你願意打發誰，就打發誰去吧。」

到了此時，上帝開始不耐煩，但仍然屈尊跟他辯論。

上帝說：「不是有你的哥哥利未人亞倫嗎？我知道他是能言的。……」[6]

我們可以從這段奇特的對話中學習：我們祈禱來喚醒沉睡的上帝。我們祈禱來提醒祂，我們很痛苦，我們哀求祂改變我們故事的發展。我們祈求全能者鑑察不公義之事，即場制止它們，壓制它們，使它們不能得逞。就像摩西所做的，祈禱是嘗試儘量從全能上帝那裏講到最好的結果。

這種說法不免冒犯別人，無論他們是用宗教的耳朵還是用理性的耳朵來聽。上帝不是街角的店主，急著要降價求售。祂也不是善變無常的。事實上，聖經清楚地指出，上帝是不改變的，沒有變化，也沒有轉動的影兒。[7] 然而，上帝的確曾後悔。這只是擬人化的說法嗎？還是我們無法理解的：不變的上帝並不像人那樣後悔，卻仍像上帝那樣後悔，並且在保持核心屬性不變的情況下改變？我贊同後者的說法。

上帝告訴摩西祂的名字：「我是自有永有的。」顯然地，祂就是祂。祂在願意改變祂的想法、改變祂的審判、消除祂的怒氣、為了我們想寫的故事而讓步等方面，是永恆不變的。祂這種堅定的性格保證你的故事不致偏差。上帝將用人的詞語和狂怒來榮耀祂的名。

那麼，這對你和我的故事來說又有甚麼意義呢？

上帝是說話的，我們不但要相信祂的話語，還要相信祂的確說話。同樣地，祂從世界之初寫下了我們的故事，但並不讓我們窺見祂的小說，直到我們寫完了自己的生命，跟祂面對面為止。

聖經裏有兩句關於上帝的核心陳述句，明確地指出了祂的原著者的身分。其中一句毫不含糊地說，祂是我們生命每一刻的作者。祂是我的權威作者，是因為祂按自己的旨意撰寫了我的生命。我是石板，是祂手中的空白石板。[8]

在說上帝是我們的作者的同時，聖經清楚地指出，上帝並不是罪的作者。祂沒有致使亞當和夏娃背叛、逃跑，並跟祂對抗。祂沒有誘使和催迫該隱流弟弟的血。祂沒有引發廣島的原子彈大爆炸、清洗猶太人的大屠殺，也沒有誘使你鄰居的孩子闖進你的車庫。

所有的罪都來自黑暗的國度。到底是甚麼令黑暗國度的子民逃離光明，進入憎恨、邪慾、嫉妒的無情死角裏？我們不知道，也可能永遠不會完全明白。在我們能選擇去愛或**不去**愛的自由意志裏，邪惡陰險地滋生出來。如果我們沒有了不去愛的選擇，愛變得毫無意義。

如果我們出於壓迫而去愛，充其量是害怕報復的服從，而在最差的情況下，愛成了失去真誠的操控，為的是換取我們所愛對象的施予。然而，真愛是從渴望和感恩的複雜關係中產生的。我需要，上帝施予。祂施予的遠超於我需要的，這令我陷在目瞪口呆的敬畏裏，陷在不知所措的感恩裏。當我們愛上帝並被上帝愛時，就進入敬畏和感恩的空間裏，就能寫得最好。

懷著敬畏祈禱

我們應該懷著敬畏與上帝討價還價。一個凡人怎能跟上帝對話呢？更不用提跟祂摔跤了。我怎能說自己認為上帝是沉睡、冷漠、不公義的呢？這是凡夫俗子不可能測透的。我絕不會對著有權勢消滅我的國家領導人說這些話，所以，我怎麼可能在全能上帝的寶座前這樣說話呢？

隨敬畏而來的是，上帝邀請我們進入一種不可思議的逆轉關係。祂想要我們在寫自己故事的過程中，不但與祂合作，而且跟祂對立。我們因祂似乎漠不關心而跟祂對抗，因而進入祂似乎忽略了的不公義領域裏。祂在我們心中深埋的「不行」，在某種程度上是在抗議祂表面的袖手旁觀。我們撰寫的故事把我們帶到祂似乎遺棄了的人面前。其實，上帝正是透過我們臨到破口前。

那麼，上帝遺棄了祂的子民嗎？沒有，祂差遣了你和我。當我們明白到祂是促使我們去採取行動、去關懷、去抗爭的時候，我們在祂計劃中成就的傑作將使我們屏息。這一切都很奇異。在我們成為孤兒、異鄉人、寡婦的經歷中，祂在我們的內心建立了負擔。然後，祂用這些痛苦經歷來加深我們與祂的抗爭，當然，祂在我們不斷地向祂降服的過程中，一勝再勝。在這個過程中，祂差遣我們帶著負擔去幫助那些需要我們的人，而在長遠的角度看，這些人最終帶給我們的遠超於我們給他們的。

我更全面地閱讀自己的故事時，從沒打算進入性虐待的黑暗領域。我模糊地知道，我經歷過一些不快的性虐待時刻，但那些時刻早已過去，沒有對我的生命產生太大的影響。之後，當一位當事人問我對性虐待有多少認識時，我生命的重要時刻來臨了。面對這個偶然的問題，我生命的軌迹改變了。當時，我並不知道這些，但我在介入她的故事時發現，自己過去的黑暗時刻從地平線上升起。我花了很多年才能認清自己的受虐經歷，看清它對我的影響，而上帝在我生命的污點上織進了榮耀，邀請我拿起筆來跟從祂。

我們因上帝的袖手旁觀而對抗時，所滴下的每一滴血都變成渴望的墨水，讓我們用來寫下祂榮耀的新篇章。如果我們不懷著敬畏來寫，我們寫下的故事將是不慍不火的，整篇都是安泰的基督徒頌辭，而這並不是真實的故事。只有敬畏之心才能迫使我們寫出一個故事，來歌頌上帝那奇異而激動人心的榮耀。

懷著感恩祈禱

我們與上帝合著故事的最弔詭之處可見於這個問題：誰在寫誰？我多年來一直以為，自己在幫助受虐者從羞恥的枷鎖中釋放出來。後來我漸漸發現，我的當事人釋放我的比我所鬆綁的更多。我與兒女之間也是這樣。甚至在我似乎撰寫子女生命的過程中，他們創作了我的生命。那麼，我的合著者是誰呢？無可否認，是上帝。不過，也包括別人，因為上帝喜愛羣體創作。

我們彼此作為合著者，需要懷著感恩互相唱和呼應。我感謝你閱讀這本書；你也許因為我寫了這本書而感謝我。這就產生了呼應。這本書可能打動你開始撰寫那些已等你多年的生命片段。而當別人參與閱讀並編輯你的故事時，你將服事其他人，他們可能永遠感謝你流出的血和墨水。然後，他們將進入敬畏的喜樂中，為了上帝的榮耀而與上帝合著將來。

也許，你已經與一羣朋友同工，大家都喜歡透過彼此的恩賜來榮耀上帝。你們熱誠地合奏，同時也能很自然地讓某一位成員來一曲獨奏，而獨奏完畢後，大家又能融於一體，互相呼應，同時也不忘記每個個體的獨特之處。

我在馬斯希爾研究院就曾參與過一個這樣的委員會，我們一起計劃學院的首次秋季退修營。委員會的委員各有想法和渴望，我們之間的交談既豐富又熱烈，也很狂野。

我們在計劃退修營的週日崇拜時，發現整個活動由很多靈活的部分組成，我們需要的空間很大，現有的樓房根本容納不下。我們最後決定，用浮木建立一個室外大教堂，形狀是凱爾特式十字架。

普吉灣（Puget Sound）地區的秋天氣候是變幻莫測的。也許會天晴，但是，在博彩中贏獎的機會比猜中天晴的機會還大。如果下雨怎麼辦？在這個前提下，問題是：「如果不把雨看成是干擾或煩擾，而是歡迎秋雨降落在活動中，崇拜將是甚麼樣子？」這個問題令我錯愕。**雨是一個問題。它造成干擾，把東西弄濕。它的確是不速之客，也不會加強效果。但是，誰說的？**

我們往往把在教堂裏的崇拜跟在大自然裏的崇拜區分開來。這是多麼人工化的區分，是多麼大的損失！在崇拜中，歡迎雨的降臨，聽起來很簡單，這個想法就成為釋放的禮物，也在邀請雨的創造者成為崇拜的一分子。

後來，這次崇拜歷時了三個小時。我們在其中講述了故事。我們用藝術來回憶大家共聚的時刻。我們一起祈禱，並閱讀和聆聽上帝的話語，這些話語是在風雨之中，在風雨的裏裏外外宣講出來的。是的，的確下了雨。我們裹著毛毯在雨中擠在一起，走到十字架的中心迎接三位一體的上帝，一起高歌，經歷近在眼前的榮耀。我們就這樣印下了新學年的序幕。我離開的時候，回望著用榮耀的風險寫下的情節，心存感恩。

我們在上帝的榮耀前愈是感恩的話，就愈願意冒險寫下新的一章——無論這一章是關於我們怎樣崇拜，還是關於我們怎樣度過新的一年。感恩之心使我們從常規中探出頭來，讓我們看見遠方的地平線，知道自己需要開闢新徑。不過，我們在被召向前進時，也必須回顧，仔細查看過去的碎片。是過去的路徑把我們引領到現在的高峯。也許，走其他的路不用付出這麼高的代價，但是，過去的確把我們帶到這個時刻。新路並不能帶走舊路的痛苦，但是，如果我們沒有先踏過被遺棄、被驅逐、成為寡婦的路，就不能產生新的地平線和追求它的渴望。

也許這個觀點使保羅寫下關於「至暫至輕的苦楚」的話。[9] 生產的痛苦在產後的榮耀中消退了。我們將永遠不能擁抱自己故事裏的痛苦，直到我們看見這些痛苦怎樣幫助了別人。就算到了這個時候，哀傷也不會離開，但是，看見自己的痛苦能幫助別人，就為痛苦加添了盼望，這樣的話，我們的感恩之心就轉化了我們的過去。

當我們看見自己在生命中所寫的能使上帝說：「歡迎你，你這又良善又忠心的僕人」時，就會心存感恩。我們看見自己的故事為了祂的榮耀而被使用時，就願意去愛寫在生命中的情節了。

接受你的故事

祈禱揭露出過去的故事，把我們赤裸裸地帶到上帝的面前，讓我們為自己的將來與上帝摔跤。上帝與雅各相遇，更新了他，使他瘸腿，也給了他一個新名，上帝也計劃透過禱告對我們這麼做。禱告是與上帝摔跤的過程，直到我們降服在祂的良善之下。

我的故事迫使我因上帝的不公、冷淡、漠不關心而懇求、呼喊、哭泣。但是，在我的狂怒之中，我不禁驚歎，甚麼樣的上帝能承受我的蔑視而不還擊。祂怎麼能忍受我的講價呢？更不用說祂為了跟我契合而改變祂自己的計劃了。面對這種不可思議的恩典，我只能半信半疑地服在祂的腳下。全能者、主宰、創造主上帝是我們所知的最謙卑者。我們進入向謙卑的上帝赤裸裸地禱告之中，就謙卑下來。不過，最令我們謙卑的是祂對我們的愛的長闊高深。

在順服的沉默中，上帝開口述說祂的愛。當我把祂帶進自己故事裏的碎片中，進入我羞恥、憤怒、反抗、害怕的時刻時，祂呼喚我聆聽那能寫下來卻無法解釋的故事。祂述說的是愛。

我曾經多次在無言默禱中，突然睜開雙眼，在上帝的恩典前敞開自己，感覺自己被一種良善圍繞著，一股喜樂傳遍全身。這種遍及全身的光是明顯感覺得到的。是一種心理狀態嗎？是神經末梢在釋放血清素嗎？是上帝的同在嗎？我為甚麼要從這幾項裏選擇其一呢？不能是全部三項並且更多嗎？我只知道，我的身體接受了愛的跳動，就像坐在父親溫暖的大腿上，就像感受到兄弟的溫暖擁抱，就像被情人溫柔地撫摸。

我們的一些故事刻劃了遺棄、背叛和矛盾。我們經歷過身為孤兒、寡婦、寄居者所經歷的損失和攻擊。那麼，如果上帝像父親保護孤兒、像兄弟鼓勵寄居者、像情人憐愛寡婦那樣接近我們，我們還會覺得奇怪嗎？三位一體的上帝想要贖回我們的故事，用祂的愛把我們的故事所搶走的彌補回來。

聖父幫助我們一窺祂在我們生命中的計劃，為我們的孤兒心帶來意義。祂防止我們的故事被惡所噬，並給了我們內心最深的渴望——祂自己。如今，孤兒有了父親。

聖子完全無罪地替我們擔當了所有的痛苦，為我們被逐的心帶來鼓勵。耶穌帶頭爭戰，並不以稱我們為兄弟姊妹為恥。祂跟我們這些異鄉人、寄居者結交為朋友。祂這麼做的時候，自己就走出城門外，成為最終的寄居者，為的是使我們不再與天父隔絕。

聖靈用溫柔撫摸我們，激發我們對愛和善行的追求，為我們的寡婦心帶來安慰。聖靈用情人的愛語追求我們，邀請我們與上帝結合，既親密、熱情，又結果纍纍。我們並不孤單，也不會被遺棄在角落裏，失去聲音。

正是透過祈禱——赤裸的、不斷爭辯的、感恩的、敬畏的禱告，上帝要把神奇的愛編織進我們破碎、血腥的故事裏。然後，當我們禁食時，我們的故事開始有動力變為真實。

講述你的故事

祈禱是請求上帝把我們的故事化惡為善，化悲為美。透過痛苦，上帝使我們更具憐憫之心，也更堅強，能幫助陷於痛苦的人。「耶穌並不取走痛苦和憤怒，而是把痛苦轉化為熱誠，把憤怒轉化為公義的抗爭。」不過，我們必須先與上帝摔跤，才能經歷這種轉化。

你的故事有哪一部分蒙上了羞恥，是你不想拿出來跟上帝摔跤的？你在哪一處看見上帝用你的痛苦給別人帶來益處？

第十一章

禁食的果子

飢餓為別人打開了空間

說到禁食，我把它定義為：禁止不做任何充塞了我們內在空間的事情，這個空間是上帝渴望內駐的。任何偶像都能是禁食的充塞物：電視、電郵、食物。禁食的核心是：退一步看看現在的生命，想想生命可以變成怎麼樣。

赫瑟．韋布（Heather Webb）

我在凌晨三點半醒來，並非出於煩惱——當時沒有危機，也不是被惡夢驚醒。我晚餐甚至沒吃意大利薄餅。我只是醒來，有股衝動要起牀。我一般在這些時刻並不順服。我認為，上帝如果叫我起牀，可以大聲一點。但祂一般不會。

按一些人的說法，我可能會錯過一些重大的啟示，或者，我也許在這些時候被召喚去祈禱——而如果我不祈禱，將有災難發生。不過，我認為，如果我真的對於上帝的國度那麼重要的話，我們大家就都有不小的麻煩了。因此，我一般都睡回去。

但是，那天凌晨是個例外。那一次，我起牀了。

「放棄睡眠。」當這些字句出現在腦海時，我很快就起了牀。我走下樓，打開燈，順便打開假壁爐。爐火單調而均勻，不過也是一閃一閃的，足能催眠。我任憑思緒飄遊，最後，它停留在一點上：錄有生父與我的錄影帶。它是從我三歲那年的聖誕節早上製作的家庭電影中複製下來的。父親當時只剩下半年的命，而我要在很多年後才知道他存在過。

我坐著呆望爐火時，眼前浮現出父親在錄影帶裏的形象：英俊、黝黑、出奇地溫柔、專注。他離錄影機出奇地遠，我懷疑是離手持錄影機的女人很遠。在錄影帶裏，我很小，玩弄著他的浴袍，不肯放手。我漫不經心地搜索著一些東西。我們三個——錄影的人、父親、男孩——消失在三個不同的世界裏。聖誕樹閃爍著，禮物散在地上。本來應該是開心的場面，但是，我在腦海裏觀看這齣電影時，很難一邊看一邊不尖叫。

我猛然感覺到一股強烈的催逼：「拿起來吃。」由於繼續看錄影帶實在令我不知所措，我決定起來沖咖啡喝，再吃一件果醬麵包和一些薯片。但是，那個聲音說：「放棄食物。」這次，聲音好像能用耳朵聽見，但卻不是。掙扎開始了。我應該坐著不動，忍受灼胃的飢餓，還是用麵包和咖啡來充塞內心的疼痛，緩和我所知不多的已逝生父帶來的衝擊？

我選擇了禁食。接下來的三個多小時艱苦難耐，令我難忘。那情景就好像上帝選擇穿過火燄，向我展示出一個又一個背叛的面孔、影象和場景。我再次看見自己從童軍、欖球隊、學校、神學院到首次展開事工所遇見的長輩的背叛。他們是導師和父輩。

彼得禱告魂遊象外時，看見天開了，有一物降下，好像一塊大布，裏面有不潔淨的動物，上帝讓他把它們宰了吃。我不知道彼得當時的經歷是甚麼。那是幻覺還是夢境？還是有形可辨的實景，就像昨天下午給車加油那樣？還是，這些都重要嗎？大布縋到地上，裏面有動物，彼得從小就知道這些是不潔淨的物。但是，有聲音讓他把它們吃了。我們聽見這些讓我們吃食物或放棄食物的聲音時，應該怎麼做？尤其是當這些命令跟我們整個人的每部分都背道而馳的時候？

我呆望著爐火，看見舞台降下，我人生戲劇中的人物出現在台上。

我禁睡和禁食了近四個小時——禁絕了上帝恆常供應的祝福——為的是在舞台上讓出空位，容許我故事裏的人物發言。他們說的對白我都聽過，因為這些話語都是在我面前說的。但是，人物出場的次序和對白的力量是新的，是令人害怕的。我被呼喚進入死亡和欺騙的沙漠，進入應許落空的荒野，讓開位置容許上帝走進舞台上餘下的空間。

我坐在那裏，觀看著我生命的新聞短片。每個面孔和出現的人物都講述了一處傷口，直挖進我的失落空虛。時間慢慢過去，我不再覺得思緒煩亂、飢腸轆轆，或者甚至哀傷。痛苦像閃電般閃過，狂風怒號，暴雨猛打著我，直到我遍體鱗傷。我經受了雷暴，而它已經過去。現在，仍然有聲音，背叛過我的人仍然是背叛者。但是，我已跟他們成為家人，身邊還有最大的背叛者——上帝。祂背叛了自己的獨生子。

禁絕不作任何進食、活動、參與或追求——無論在甚麼時節——都設下了舞台，讓上帝登場。那時正是我的時節去感受故事的衝擊，並在內心預備空間來接待它。不過，為甚麼正是那時，我也不知道。禁食並不是一種工具，用來從上帝的手中挖出智慧，或者為做決定而逼出一些意見。禁食也不是一種工具，用來培養紀律或操練虔誠（無論它是甚麼）。事實上，禁食是一種暴食後的調節行為，使我們脱離飽足感，把感官調節到去接觸那些在我們的裏裏外外渦動的奧祕。有時候，上帝出現在身邊。有時候，祂供應給我們食物。祂時而把祂狂野的榮耀扔在我們眼前，像一簇簇的星羣，我們能做的只是等祂離開，不然的話，我們在祂的面前將被消滅。

就這樣，我坐在又忙又空的房間裏，看著上帝用祂烈怒的火燄燒掉了我內心最深的一些傷害。我甚麼也不能做，只能順服地成為舞台，任祂展示奇異、狂野的舉動。但是最終，我不得不承認，祂那苦澀的麵包的確比我品嘗過最香甜的食物更為佳美。我拿起來吃了，很好吃。

到了七點多，妻子下樓來問我在幹甚麼。我說：「離開地球……在太空裏逛逛。」

她皺起眉頭。

交託

我如果少吃了一頓飯，就得安慰自己，未必會因此餓死。因此，並不出奇的是，跟禁食比起來，我對氦的分子結構上最小的一點可能知道得更多。我不喜歡餓肚子。我也不喜歡缺席、放手、離別，或者住在生與死之間的空地上。禁食讓人進入失落的境地，為的是得到盼望，而我在那個領域裏並不覺得舒服。

我有一次聽一位禁食專家說：「你必須操練一顆禁食的心。」我不懷疑這句話，可惜我心靈固然願意，肉體卻軟弱了。禁食要求我們，在最想得到滿足的時候放棄身體。禁食是一種試煉，是一種潔淨，是一種與偶像的生死搏鬥，這些偶像磨鈍了我們身體的敏銳知覺，但正是這種知覺讓我們知道，我們不在家。禁食呼喚我們進入自己已為孤兒的心、已被逐出的心、已為寡婦的心。我們沒人願意在那裏。

同樣地，我們沒人願意把自己的故事交託給上帝。但是，我們必須這樣做。我不太知道這是甚麼意思。但是，當我不交託的時候，我就知道是甚麼意思。當我緊抓著痛苦不放，感覺就像把它儲藏起來。我緊記一件背叛的事，然後就沉迷在傷害的不公義之處裏。我在嘴裏反覆咀嚼，品嘗裏面的苦汁。如果有人來從桌子上拿走我的碗碟，我就怒吼，抓著獵物不放。那是我的！於是，沒人能知道傷口有多深。

放下傷痛，並不等於求上帝拿走痛苦，卻是要進入神聖的境地。這像是一個過程，需要把傷口進一步打開，為的是促進醫治，而醫治看起來跟疾病一樣痛苦。我們只希望痛苦的故事得到醫治，卻不知道，當全能的醫治者開始切除並潔淨感染處的時候，我們將面對更大的痛苦。

禁食是這種切除和潔淨的一部分過程。我必須承認，自己已經嘗試過為自己孤單的孤兒做聖父，為自己迷失的寄居者做聖子，為自己羞恥的寡婦做聖靈。我已經為自己進食麵包——它大部分都很合理，很合口胃——但是，它並不能為傷口止痛，也填補不了空虛感。

我可以對這個道理理解至深，深到神經末梢的細胞核裏，但是，我的胃卻一點都不理解。我的胃是一位神祇。我的愚胃只知道兩個狀態：飽和餓。它必須被帶領著去經歷我的靈魂已知道的事情——我們不在家。我知道，自己的身體非得被催逼才能跟著走。

我的身體必須要理解上帝的那種像父親般的供應，而這種理解要在狂風雷暴後的寂靜中才能產生。天父帶來出人意外的平安——意思是，祂賜的平安並不是我們的理智所能理解的。事實上，理解祂的平安，必須出於經驗，而非出於認知。我們向天父交託自己的身體時，就在內心裏開闢一個空間，讓祂的平安進入。那是一種讓弔詭進入成為舞台的平安。這種弔詭之處可見於這段經文（並無諷刺之意）：「從前你們的意思是要害我，但上帝的意思原是好的。」[1]

當天父把我放在祂的大腿上，安慰我，把我所有的哀傷都帶往祂的榮耀裏時，我就體會到那種平安。我必須放棄掙扎，才能看透奧祕。祂的同在只能隱約可見，但我能看見它勾勒出我故事的輪廓。那麼，我真的願意順服上帝，讓祂來安慰我這個孤兒嗎？

我也必須理解上帝的伴我同行的位分——我的同伴和兄弟，也就是聖子。我們的寄居者身分把我們跟這位最大的寄居者連在一起——祂既是創天造地的主，又是被這個世界唾棄的那位。祂的面孔是我們最鄙視的。祂的鬍鬚被拔，祂知道羞辱，但祂並不受其所限。[2] 祂鄙視羞恥，拒絕在孤獨中沉默。事實上，祂站了出來。祂把握被辱的機會，召喚我們脫掉舊衣，無懼地跑跳玩耍。我的身體是本來是要跟祂一起蹦跳躍動的。我本來是異鄉人，是寄居者，如今有了兄弟。

然而，我的身體需要的不只是父母無私的愛和朋友之間無羞恥的手足之愛，我受造也為了體會情人之間有肌膚之親的情愛。聖靈充滿魅力地追求、吸引我們，令我們陶醉。聖靈是我們的情人。聖靈是智慧，在箴言裏被擬人化為極其貌美、極有謀略的婦人。她邀請我們進入她馨香的居所，應允我們在那裏有溫暖、撫摸、滿足。[3]

禁食預備好我的心，去迎接父親、朋友、情人。它幫助我為靈魂的狀態起名。靈魂本來充斥著贗品，現在渴望著真的那位來到。在很多方面，禁食是一種解毒。它先打破我們對假神的沉溺依附，讓我們預備空間給真神。禁食幾千年來都跟罪、悔改、潔淨聯繫在一起。怪不得我們禁食的時候，總是先覺得狂怒、失控。禁食揭露出我們對事物——即使是合理、美好的事物——的力量是有多大的依賴。

當飢腸轆轆，禁食初期的風暴在醞釀的時候，我們有機會坐在身體的裏邊和旁邊。我們如果細心聆聽，就聽見我們以前因急於逃離傷口而壓制的各種呻吟。我們現在可以讓它們發言，讓它們為痛苦起名。禁食釋放出孤獨和羞恥的毒素。不過，請不要轉身背對故事，或者背對開始發言或呼叫的人物。請傾聽，接收，順服。時候到了，痛苦就會安靜下來，你的心將獲邀擁抱你生命的全部故事。交託能強化感官和理智的觸覺。

激化

我們禁食的時候，甚至輕微地衝破滿足口腹之慾的偶像的枷鎖時，我們的感官觸覺就更加敏銳，而我們對外在和內在的世界更警覺的時，我們就更理智。禁食能激化生命的色彩、聲音、氣味、味道和觸摸。

保羅深刻地剖析了沉溺行為的影響。他寫道：

> 所以我說，且在主裏確實地說，你們行事不要再像外邦人存虛妄的心行事。他們心地昏昧，與上帝所賜的生命隔絕了，都因自己無知，心裏剛硬；良心既然喪盡，就放縱私慾，貪行種種的污穢。[4]

沉溺行為使我們麻木。我們本應是有理智和良心的，但是，我們愈是磨滅感官，就愈透過沉溺行為來喚醒它們。我們愈是這麼做，就愈需要這麼做。我們坐上廉價的騎馬之旅，兜的圈子愈縮愈小，直到圍繞著中心支柱的繩子緊得不能再緊，馬駒和坐在上面的人都不能再進一步了。於是，我們動彈不得了。

沉溺行為是悲劇性的兩刃利劍。每種沉溺行為都使靈魂麻木，同時又加深了無法填補的貪求。結果，放縱一種私慾看似能創造生命，但其實卻在慢慢地扼殺渴望。最後剩下的是捆綁，是使人窒息的依賴，而不是釋放人，讓人自由地呼吸。

可悲的是，大部分人假定沉溺行為只屬於漫無紀律或社會經濟上被剝削的一羣人。這種假定流於表面，看不見下面的消費主義、貪婪、互相拖累、對時間表的執迷、對名利的追求等使我們沉迷的偶像。面對沉溺行為，我們一無倖免。

禁食使我們忍耐、降服，而我們如果繼續禁食下去，就能得享平靜。平靜不是沉寂，平靜更像子彈出槍膛前的千分之一秒。身體挺直，但不繃緊，做好準備，靜待將要發出的響聲，那響聲將要刺穿空氣，喚出一連串熱誠和行動的爆發。禁食不只是放手而已，禁食是等待空氣被隨上帝而來的巨雷劈開。有一天，祂將醒來。祂不會永遠置人的哭喊於不顧。禁食加深了我們對上帝的渴望，加強了我們容納別人的渴望的能力。

渴望

禁食先是加深了飢餓感，然後使身心平靜。隨後，禁食增加了一種可稱為「思鄉」的渴望。我們知道，耶穌將不再喝葡萄汁、吃地上的筵席，直到我們跟祂同坐筵席。祂禁食，並有渴望。祂的話語介定了真正的禁食的性質：「我很願意……」[5]

我們要感覺自己的渴望的跳動。想一想這個例子：想逃避工作的沉悶無聊的渴望，其實隱藏了我們對事業的不滿。如果我們承認討厭自己的工作，將發生甚麼事？這可能促使我們問，我們是怎麼陷入這種窘境的。這些問題和答案可能繼而揭露出真相，就是我們工作，只是為了讓家人果腹。然後，這種沉悶的感覺可能促使我們問，為甚麼跟配偶結婚。可悲的是，我們往往是為了安全感和滿足期望而結婚，而非為了熱誠或召命。現在，我們如果看得太仔細，我們的關係就會承受風險。我們如果承認工作是為了賺錢，我們的經濟就會承受風險。

我並不主張離開工作或離開配偶，雖然喚起的渴望可能使人不再甘於平凡。如果打破了常規，還會剩下甚麼？如果我們仔細看，看見浪子的哥哥的生命意義不大，那怎麼辦？[6] 我們要麼就把自己放在空虛的享樂上，要麼就找到更深的熱誠和意義，把自己從故事中凸顯出來。

我將擁抱上帝點燃的渴望嗎？渴望一旦被挑旺，就呼召我們再去做夢，而所有的夢都先需要禁食。對於我來說，跟禁食不可分的是簡單的選擇。在飛機上，我可以寫這一章節的內容，也可以選擇看飛機上的電影。對於運動員來說，如果夢想成為傑出的投籃高手，就要選擇禁絕享樂活動，例如是，離開體育館，跟朋友狂歡痛飲，或者一邊觀看籃球節目，一邊吃零食。

我們必須培養內心裏最真實的渴望，然後勇敢地以行動冒險，給我們的夢想一塊土地，讓它生根成長。

容納渴望

我們把渴望視為是神聖、光榮的，並擁抱它之後，也能對別人和他們的渴望給予同樣的尊重。我們愈是愛慕服事的渴望，愛慕與上帝同行，就愈有負擔去幫助別人擁抱他們的渴望。我們被造就要這麼做。我們愛把禮物贈送出去。我們愛把收到的東西送給別人——無論是新樂隊的唱碟、一家好的新餐館，還是一本改變生命的書。我們是天生的佈道家。

因此，我們自己可以成為聖潔的地方，讓別人前來為他們的渴望起名。我們可以把自己送出去，幫助別人探索他們的渴望，而這種探索只能以故事的語言進行。可能有一位朋友想在沙灘邊買一間度假屋，來逃離工作的疲勞。你如果知道工作中的痛苦，並進入過掙扎所帶來的故事、夢想、心碎、人物，就很可能有更多的空間來容納這位朋友的掙扎。你如果禁食得夠長久，以致傾聽了自己的故事——包括最黑暗的部分，就能更好地預備心情傾聽和容納別人的故事。

因此，你不會批評朋友的渴望，或僅僅作出附和，而是騰出空間，讓它成長。請問問題，傾聽過去的故事，找出線索，在對方許可的情況下給予分析。你如果真的進行分析的話，請記住聖經裏最重要的問題：「亞當，你在哪裏？你能出來講明真相嗎？」我們如果回答這個問題，就赤裸無助地走到上帝的面前，接受祂的恩典。在禁食之後，把需求（沉溺行為）和逃避（恥辱）放在一邊後，我們就能在平靜的狀態下回答關於渴望的核心問題：**我在哪裏？我是誰？我想成為怎樣的人？**

這些核心問題是作決定的關鍵。當然，擁有沙灘度假屋本身並非不道德。不過，首先，渴望和故事都是需要探索的。朋友在買下一個逃避家庭、卻不能安歇的地方之前，一定先自問一下平時的生活和家庭生活為甚麼使他不得安寧。他的回答也許很公式化：「我壓力大，市道很差，我得拼命地工作。」也許，他的「理由」跟自己的故事有關：「我如果沒有收入，家就垮了。」你將把朋友的渴望視為欺騙、恐懼、醜陋來容納它，還是把它容納後，擺在上帝的面前？禁食使你的心準備好容納別人的渴望，讓你在禱告中把這些渴望擺在上帝的面前。

禁食能清除內心的大小石塊，準備好土地播下種子。真正禁食的果子讓我們介入我們內心最真的「行」和「不行」中。而後，我們在不公和黑暗的前面，找到並燃燒我們最深處的熱誠。

放在上帝的正中央

禁食加深了我們對上帝的降服，增強了我們對上帝的熱誠——然而，那又怎樣？對於一些人來說，禁食只是一種屬靈操練，最多只是跟上帝更為密切。它也許令人更有活力，對上帝更委身，但是，除了主觀價值和一些最近於悔改之人得到的一點好處之外，那又怎樣？

真正的禁食是為了那些孤兒、寄居者、寡婦的緣故，把我們放在上帝的正中央。聖經從頭到尾都是關於公義。如果不能看見福音的社會作用，就是對基督的死而復活的最深和最真的意義視而不見。福音是上帝賜給每個國家和民族的平安，是在邀請每個人進入新的國度，跟隨萬王之王成為聖潔的祭司，在靈裏真誠地敬拜上帝。此外，救贖是在邀請我們每個人的全部，包括我們的身體、關係、金錢、子女、名譽、空間和時間。

因此，你如果認識上帝，就要參與釋放那些被不同形式的不義捆綁和迫害的人。先知以塞亞揭穿了當時宗教精英的真面目，暴露出他們的虛偽，揭露了他們假冒的虔誠和過分的禁食。他指出了上帝渴望人進行的禁食：

> 不，我所要的禁食，是叫你釋放冤獄中的人，停止欺壓為你做苦工的人，公平地對待他們，把他們賺取的給他們。我想要你把自己的餅分給飢餓的人，將漂流的窮人接到你家中。把衣服給需要的人，也不應避開需要你幫助的親戚。
>
> 你如果做這些事，你的救贖就會像早晨的光臨

> 到。是的，你的醫治必速速來到。你的公義必在你前面行，耶和華的榮光必在後面保護你。那時你求告，上帝必應允。祂必說：「我在這裏」。
>
> 別再欺壓無助之人，指摘別人，散播惡言！要使飢餓的人飽足，幫助困苦的人。你的光就必在黑暗中發亮，你身邊的黑暗必光如白日。耶和華必不斷引導你，在你乾旱時澆灌你，使你身體強壯。你必像澆灌的園子，又像水流不絕的泉源。[7]

以賽亞的描述令我屏息。這就是真正的禁食的本質。你省下的所有麵包都要送給飢餓的人。給飄流的人居所，給赤身的人衣服，釋放政治犯。當跟我們有血緣的親戚需要顧恤，我們不能放下窗簾，假裝自己不在家。我們被吩咐要面對身邊的人和事，就是那些被慾望擄掠、被暴力壓抑得不能作聲的人和他們的故事。我們的禁食旨在使我們成為被欺壓之人的繼承人，因為我們的身分本是如此。

以賽亞書接下來重申了我們直覺知道的真相：我們的飢餓把我們與乞丐和盜賊連在一起，與低賤的人和困苦的人連在一起。我們一旦與他們連在一起，就不但受召去幫助窮苦人，也受邀去認清自己的貧窮和需要。我們如果重視這個召命，就被邀請加入其他的孤兒，一起坐在上帝的大腿上，稱祂為「阿爸父」。

我們把麵包和衣服送給飢餓和赤身的人時，就從沉溺的行為中釋放出來。不過，別以為我只是在提倡救濟窮人。把不要的衣服送給慈善商店或是給上門的聖誕老人幾塊錢，是容易的（但也不常見），好像完成了任務。或者，我們可以擴張自己的境界，在救濟所做飯，或者幫忙安頓有需要的家庭。這些禮物不但是可接受的，還是上帝揀選的祭物。

以賽亞明確地指出了為孤兒、寡婦、寄居者伸張正義的程度和全部意義，因為我們每個人都是孤兒、寡婦、寄居者。這段經文簡單而優美：你能在自己裏面騰出空間來，容納需要你的人嗎？你能把多餘的送給別人嗎？當你歡迎自認飢餓、赤身、困苦、飄流的人，並跟他們分享的時候，你的生命將不再一樣。他們可能是在性奴販賣中被賣的妓女，也許是腰纏萬貫的企業家。飢餓以不同的形式出現。

歡迎他們吧。伸出你的雙手，跟他們分享吧。跟他們同桌吃喝傾談。一旦話題打開了，而你的心已經因禁食而騰出空來，能夠歡迎和分享故事，你就將得到最美的禮物：如上帝所應許的，你將成為澆灌的園子。

在古代近東，水果是極其珍貴的的。建一個園子——種植一些植物——一般需要極多的人力把水從井裏汲出來。因此，澆灌的園子是伊甸園的象徵。這種象徵的深義不應該消失在我們今天的西方世界裏。禁食把我們帶到沙漠，進入乾旱的空間裏，跟上帝摔跤，為的是在祂的榮耀裏向祂降服。不過，我們進入沙漠的時候，上帝就給我們榮譽，把伊甸園東部的沙漠化為平安之地，讓我們歇息，得嘗伊甸園的滋味。

澆灌的園子

我這個禁食的故事也許對你來說微不足道，還有點傻，但無論如何，我要把它送給你。

我有一次參與主講性虐待講座，適逢緊張的學年剛結束，我已疲憊不堪。我講的時候，覺得自己雙腿發軟。講座的前一晚，我很晚才到達酒店，吃了一份可有可無的甜品，就坐在牀上，打開電視，不停地換著頻道，就好像在找聖杯。我就這樣消磨了幾個小時。

第二天，我跟妻子通電話，她說：「你不如晚上別看電視，整晚都禁食吧。」我很惱火。她根本不知道我有多麼的累，多麼的辛苦。我當然不需要這個額外機會來受罪。（當然，這是偏離真理的。）

不過，我雖然不情願，還是採納了她的建議。第一晚，一點榮耀都沒有。我覺得痛苦、氣憤。我的祈禱很自我中心，我心神恍惚。我上牀睡覺的時候，胃很疼，每當我快睡著時，胃就提醒我，我還很餓。我自覺是個傻瓜，一方面很鄙視自己這麼不神聖，一方面又覺得這種悔改之舉很愚蠢，所帶來的希望徒增罪疚感和絕望感。大概在淩晨兩點或三點，我終於睡著了。

第二天上午，我從九點講到十點半。在中場休息的時候，主持人有事宣布，我乘機去洗手間，然後找了一個廁格坐下，不想見人。我所做的好像都很荒謬。我最後終於鼓足勇氣和力量，準備走回講室，再次進入性虐待和上帝的醫治計劃的討論領域。

我剛踏出洗手間門口幾秒鐘，一位韓籍的中年女士來找我，説想談幾分鐘。她大約四英尺十英寸高，身體嚴重殘疾。她問了一個很簡單的問題，我回答了她。然後，她看著我，輕聲説：「上帝已帶我走出黑暗，進入光明，給我帶來出乎意料的盼望，而祂是用你的生命來成就的。」

我們知道自己的生命能用來成就美事，是值得喜悦的。但是，在此時此刻，她在我心煩意亂時的輕聲細語，讓我目瞪口呆。接著，她講述了自己的故事。

> 我在韓國的一間孤兒院長大。那裏很黑暗，孤寂而殘酷，我每天被虐待幾次。我十歲的時候，被美國宣教士帶到他們家，接下來的六周是我生命中最快樂的時光。之後，我的新父親性虐待我，直到我十八歲。他想把我留在家裏，永遠做他的性奴，但是我十八歲的時候逃走了，當時身無分文。最後，我能上學讀書。現在，我是護士。
>
> 我從那時候到四十二歲，一直都不相信有一

> 天能從黑暗、羞辱、空虛的世界裏釋放出來。後來，我看了你寫的《受傷之心》（*The Wounded Heart*），然後進入爭戰，那場爭戰比孤兒院的虐待，或甚至比繼父十多年的性虐待，還要艱辛。那是盼望之戰。我恨你。我幾次把書撕爛，然後再買新的。在這期間，聖靈溫柔仁慈地呼喚我，讓我看見上帝愛我，並為了祂的榮耀寫下了我的故事。

她的話語充滿了仁愛，我卻覺得進入了驚人的榮耀裏。她握住我的雙手，看著我的臉。她看見我已集中了精神，就說：「你樣子很累。我懷疑你總想放棄不幹，但我想告訴你，我還活著，知道喜樂的滋味。這很大程度上是因為你。謝謝你在心裏為我留了空間。」

我想，自己就要融化了。我望著她的雙眼，她眼神堅定，充滿勇氣，沒有眼淚，只有熱誠和力量，讓我覺得好像在望著獅子的臉。我雖然比她高大，但覺得自己像個小孩。我能做的只是哭。眼淚就像海浪般湧出來，我無法阻止，就像無法阻止時間一樣。上帝透過一位韓籍的中年女士來向我表達祂的父愛，我面對這樣的上帝，還能做甚麼？

她握著我的手臂說：「去講吧。別放棄。」我聽從了她的面孔、她的力量、她的話語。我走上平台，把自己都記不起來曾種植過、打理過的澆灌園子裏生長的果實贈送給別人。我把別人給我的糧食轉贈出去。

我們如果打開心扉去禁食，其實能贈送的比自己能測度的更多。

講述你的故事

「禁絕不作任何進食、活動、參與或追求……都設下了舞台，讓上帝登場。禁食並不是一種工具，用來從上帝的手中挖出智慧，或者為做決定而逼出一些意見……事實上，禁食是一種暴食後的調節行為，使我們脱離飽足感，把感官調節到去接觸那些在我們的裏裏外外渦動的奧祕。有時候，上帝出現在身邊。有時候，祂供應給我們食物。」

試描述你禁食時感覺如何，從中得著了甚麼。（如有的話。）

第十二章

把你的故事贈送出去

讓你的故事彰顯上帝

禮物是在贈送的時候才發揮了功用……因此，我們立志要變成像禮物一樣……一幅畫畫完了以後，並不使湧出畫作的器皿枯竭。相反地，沒有用過的恩賜就會喪失或枯萎，而把我們的創作贈送給別人就最能激發新的創作。

路易絲·海德（Lewis Hyde）

我離開第一份私人執業的輔導工作，舉家搬往西部之前，才發現空間能容納故事。搬運工人把辦公室裏的傢俱都搬走了，我打算用吸塵器清潔一下地毯，收拾一下十年來遺留下來的零碎東西。我走進屋裏，心裏湧出一股傷感，是始料不及的。接下來發生的事難以言喻。我關上門，坐在屋子裏，故事從四面的牆壁裏舞動出來，然後被止住。

那是我和全家臨走前的最後一天，還有很多雜務等著要處理，但我竟然一動也不動。我在屋裏呆坐了近兩個小時。我暗想，如果有人這個時候走進來，一定以為我精神崩潰了。我又哭又笑。我靜坐著，被帶進一個旅程裏，感覺像狄更斯筆下的主角斯克魯齊（Scrooge）的午夜遊。我以前一直是埋頭於自己的工作，而在一瞬間，我被抽離出來，反視自己的生命。

改變生命的對話在屋子裏展開了。上帝曾使用我，把心碎痛苦孕育出來，再將之扶植成為美麗的盼望。有很多次，我自以為要幫的人所說的故事反而更新了**我的心**。我在這間辦公室裏被孕育出來，而我將不能再償還那些講故事的人。故事使我們驚歎，帶領我們走下去，讓我們欠債。

欠故事的債

你欠了誰？你欠了某人——最低限度欠了你的父母。不過，我們大部分都欠了撫育我們長大的人。我欠了雷．迪拉德（Ray Dillard）。他是我在神學院唸書時的舊約學副教授。他教懂我，一個人可以一方面活出狂野而冒險的生命，充滿熱誠地討論聖經，一方面又坦承自己如何難以去愛。他教懂我何為世俗裏的聖潔。

有一次，他帶領二十名學生去以色列遊覽，我是其中一個。我們中途在瑞士日內瓦轉機。我在候機室裏排列了一行椅子，然後躺在上面。我頭靠在一個小茶几旁，那上面有十個空的啤酒瓶。我嘴裏叨著一枝上好的古巴雪茄。迪拉德博士給我快拍了一張照片，然後挨邊坐在我躺的椅子上，俯身跟我說：「別忘了，你這輩子無論為上帝做了甚麼，都不配得到這麼奢侈的恩典。」他那狡黠的笑臉和閃爍的眼睛佔據了我的視線，他那喜悅之情烙在了我的靈魂上。如果說上帝的臉看上去很像迪拉德博士的臉，我不會覺得太詫異。

我永遠也不可能向他還清所有的債，其中部分原因是，他是樂捐之人，就像保羅在哥林多後書八章所描述的一樣。保羅描述了馬其頓教會如何地樂捐。希臘文中的「樂」(joy)字是英文字hilarity(歡樂)的字根。保羅的信息是：「不是因為有規定才捐，而是因為有能力。」捐贈的時候，不是計算捐出的款額，而是慷慨地捐、笑著捐。你需要一百元嗎？嗯，這裏有五百元。迪拉德博士住在痛苦與盼望的奇異浪濤之中，把能感染別人的歡樂禮物贈送出去。更令他不尋常的是，他不讓我向他欠債，而是讓我欠福音的債，使我更深入、更熱誠、更喜樂地教導聖經。他讓我把欠他的債還給別人。保羅在以前也是一樣。

腓利門書是一卷引人入勝卻有很少人閱讀的新約書信，由保羅寫給奴僕的主人。腓利門的奴僕阿尼西謀透過保羅的事工信了耶穌，並在他於羅馬的捆鎖中伺候過他。保羅寫了一封信，讓阿尼西謀帶給主人。書信的本意是讓奴僕的主人與這名曾逃跑的奴僕重歸於好。故事的引人入勝處在於，保羅蒙上帝的使用，也同樣帶了奴僕的主人腓利門信了耶穌基督。腓利門跟阿尼西謀現在成為一家人。保羅寫道：

> 你若以我為同伴，就收納他，如同收納我一樣。他若虧負你，或欠你甚麼，都歸在我的帳上；我必償還，這是我保羅親筆寫的。我並不用對你説，連你自己也是虧欠於我。[1]

情節變得複雜了。這卷書信比保羅其他書信的大部分章節還短。保羅動搖了奴僕制度和其他極權制度的根基。他對於這種罪惡的制度沒有批評一個字，卻把奴僕制度的核心挖了出來。他假設，一種新的故事契約不但能轉變一種關係，還將逐漸摧毀奴隸制度的敍述方式。

保羅講述了一段往事——特別是講述了上帝如何在腓利門的生命使用了他。這段往事是一個新故事的背景：阿尼西謀的救贖。一個救贖的故事連結著另一個救贖的故事。漸漸地，所有的救贖故事匯集在一起，有了共同的中心。故事的情節各異，但結果則是一樣：更新。

所有更新生命的故事都使我們更勇敢。保羅就是一個例子。如果阿尼西謀欠了腓利門的債，保羅説他將樂意償還。他是親自用顫抖、字迹幾乎難辨的手寫的。然後，他提醒腓利門說：「我並不用對你說，連你自己也是虧欠於我。」這令人發噱。他雖說不講出來，卻放膽地清楚道來。這是我看見過的最難以置信的操控人的話語。保羅的這種「詭計」如此可愛，是因為保羅不是為了自己的益處。

保羅的信以事件的嚴重後果開頭：「我現在打發這個逃跑的奴僕親自回你那裏去。他以前逃跑當然令你蒙受了損失。你也許認為阿尼西謀應該償命，以儆效尤。」但是，他隨即又筆鋒一轉：「如果你要殺他或打他，就殺我或打我吧。順帶一提的是，如果說到生命，我想對你說，你欠了我你的靈魂。不過，你無論做甚麼，都要甘心樂意地做。」這就是樂捐。

如果我們要帶著驚歎來擁抱每一個曾為我們起名、寫下我們故事的人——無論是帶我們走進榮耀、走向上帝，還是走進恐怖、走向地獄的人，將會怎樣？事實上，我們也虧欠那些恨我們、傷害我們的人，就像我們虧欠那些有恩於我們，讓我們隱約想起上帝的人一樣。我虧欠那些性虐待我的人，是因為他們激起了我心中的憤怒和對不公義的反抗。對於這一點，我是永遠地感激。我並不維護他們的傷害行為，但確實感謝上帝使用這種傷害來塑造我，使我活出自己的故事。

每個我們當作禮物收下的故事，都使我們虧欠敍事人，我們要以進入他的故事中給他帶來益處作抵償。我如果聽你說坎昆城（Cancun）的度假逸事，就期望你也聽我在公路上遇到的災難。當你介入我的故事，更新了我的生命時，我對你的虧欠將更大！

因此，我們必須彼此容納故事。我們如果能記住一個朋友的生日，就能擁抱一件盛事，把這位朋友的生命視作是好的。如果我們繼容納之後，再**進入**故事，徹底地探索、經歷這個故事，我們就能有幸幫助撰寫和編輯別人的故事，為求使它彰顯上帝。

因此，我們必須互相給予機會講述故事，藉以開立一筆關愛的債。耶穌自己也講述了一個故事，促使我們投資在故事上。[2] 祂教導說，我們要運用自己所有的來結交朋友。你喜歡的話，可以買一艘帆船，但一定要用來接近別人的生命和新的故事。想去某家咖啡店嗎？太好了，請懷著目的去，別只是為了咖啡因。我們想要活出故事，就要贈送自己的恩賜、時間和財富，使別人不是虧欠我們，而是虧欠撰寫偉大故事的上帝。我們要有智慧、有果效地投資，以便接近那些能更新別人和我們自己的故事。

很明顯的是，這種活動有異於付錢（或以類似方法）給人做我們的朋友。嚴格來說，那是一種嫖妓的形式。這種活動也不是買通別人，設法把自己的女兒弄進哈佛大學。用故事來取悅別人或恐嚇別人是在設下圈套——跟用故事來解放別人是相反的。一個贈送禮物、解放別人的故事，講述的內容是：人陷在罪裏，遇上悲劇，絞盡腦汁，然後進入短暫而榮耀的結尾裏，而這個結尾讓我們再一次看清，我們的故事最終不是由我們完成的，而是由我們與上帝合著而成的。這種故事的禮物是一種深入而重要的提醒：我們並不孤單，我們是跟上帝在一起的。當我們有幸並有空進入別人的故事時，我們就投資在別人身上。

加百列·馬塞爾（Gabriel Marcel）把「有空」（availability）解釋為「預備好做任何事，而非自我佔用或充塞」。[3] 不自我充塞的意思是：我們首先已經把自己的故事視為上帝的故事來接受，無論我們是否明白或甚至喜歡祂已寫下的內容。

此外，不自我充塞的意思是，充分地接納我們的故事，以至可以向上帝、向人說：「祂是良善的。祂把我寫得很好。」並且，甚至可能更多的是，這個進行自我開通、不再自我充塞的使命，叫我跟一些故事摔跤，就是那些使我們迷惑、那些我們緊抱不放的故事。我們永遠不能完全對我們的故事釋懷，但我們能更深入、更喜樂地來愛它們。最後，進行自我開通，是指獻出我們的全部，甚至包括仍未獲救贖的部分，為的是別人能得到救贖。當我們為了別人的救贖而贈送自己的故事時，在很多情況下，故事將最終帶著更多的禮物回到我們身邊。我們所贈送的常常滿載而歸，遠超於我們原來送出去的。

當然，真正的債不只還給第一個收到並接納我們故事的人。我們固然希望能用同樣或更多的關愛還給那個人，但如果只償還給第一個接納我們的人的話，我們的債額就太少了。我們應該「還得更遠」。當我容納你的故事，並與之共舞時，我的生命將被更新，我就有新的故事送給別人。分享故事是一種盛宴，在坐的人愈多，內容就愈豐富。總是有更多的故事要講、要聽、要寫、要分享。

當我們的故事更深地與人閱讀和分享時，我們就更願意為了上帝的榮耀而活出自己的故事，也就更能把故事送給別人。我們只能透過喜愛上帝寫在我們每人生命中的故事來向上帝還債。這種債召集我們去投資在故事上——既投資在我們自己的故事上，也投資在別人的故事上。

召集故事

那領兩袋金子的僕人也來了，報告說：「主啊，你交給我兩袋金子投資，我賺了一倍。主人說：「好，你這又良善又忠心的僕人。你在不多的事情上有忠心，我要把更多的責任託負給你。我們一起慶祝吧。」

那領一袋金子的僕人也來了，說：「主啊，我知道你是忍心的人，沒有種的地方要收割，沒有栽的地方要聚斂。我害怕失掉你的金錢，就把它埋藏在地裏。現在還給你。」

主人卻回答說：「你這又惡又懶的僕人！你認

為我是個忍心的人嗎？你認為我是沒有種的地方要收割，沒有栽的地方要聚斂嗎？那麼，你至少應該把我的錢放在銀行，使我可以賺取一些利息。奪過他的錢來，給那有十袋金子的。」[4]

葡萄園的主人決定出門遠行，很可能是享受一個豪華假期。他臨行前，把投資的事情交給他信任的僕人手裏。他把款額不均勻地分派給各人，一句解釋也沒有。然後，他離開了，沒有交待甚麼時候回來。

你在這裏能看見上帝嗎？上帝常常不在場；祂答應會隨時回來；祂不均勻地分派恩賜、天份和故事，並且期望每個人都冒險去用祂給的賺取利潤。祂將有一天回來找我們，讓我們為怎樣投資在自己的故事上、在祂的故事上而負責。

這個比喻很嚴肅，其中的信息是：「要麼就使用，要麼就失去。」你要麼就成長，要麼就枯萎。在上帝或生命面前，並沒有中間的立場。如果你的目標是屯積財富，以保安全，那麼通脹（經濟學上的平均信息量）將侵蝕你的本金。風險是難免的，安全是難保的。你愈想安全，就愈有機會像鹿一樣在上帝迎面而來的車前燈的強光中死掉。

我們不太相信這是真相，因為看見這麼多的人都似乎在安然無恙地活著，雖然有些沉悶，但起碼是可以預料的。我們何不既保安全，又向懸崖邊湊近一點點，同時也能減少單調沉悶呢？那不就能達成公平的妥協了嗎？但是，我們不能進行那種浮士德式的交易，因為上帝已經控制了世界。我們如果避開所有的危險和所有經歷刺激的機會，就能保持毫無意義的安全。然而，我們在湊近熱誠的一刻（無論在任何嗜好、任務或關係的裏面），就進入一股力量，向上帝衝去。熱誠總是一個滑向上帝的滑坡，只有沉悶的洞穴才能止住它下衝。

在耶穌的比喻裏，一個僕人選擇了保本，而不冒險。他知道葡萄園的主人非常古怪、深不可測，也難於取悅。（這是對上帝何其形象的描繪！）因此，僕人為了安全，把自己的故事埋藏起來。他這麼做是因為知道，自己如果不能善用本金，就要付上代價。他自以為正確的舉動，卻正是追悔莫及的錯誤。

葡萄園主人要的不是成功，而是智慧、風險、堅持。這個僕人如果投資後蒙受損失，固然要承擔後果，但他確實投入過，也深思熟慮過。我是怎麼知道的？因為答案在故事裏。主人的目標不在於橫財。他本來可以簡單地透過最基本的定期儲蓄來賺取一點五厘的利息。他正是要僕人拿他給的金子來冒險。

我們每個人都以身體、樣貌、名字、故事等形式收到金子。一些人優秀卓越，一些人則平凡無奇。其實，那又怎樣？我們被呼召用自己的「恩賜禮物」去種植歸我們管的農地，去聚斂農作物。我們故事的禮物是指甚麼？其實，去謙卑地接納我們的故事、樣貌、名字，意味著去承認以下各點：

- 我們是上帝的故事，是匠心獨運的創作。
- 我們被呼召與上帝合著自己的故事，為的是給祂帶來更大的榮耀。
- 我們在看別人比自己強，尊重別人並向別人獻上誠心時，就能寫出最好的故事。[5]
- 我們送給別人的故事是獨特的，主題能彰顯其他故事所不能彰顯的上帝的某些屬性。
- 我們為了別人的益處而贈送自己，讓對方閱讀自己的時候，就開始發現自己獨一無二的召命故事。
- 我們與上帝同工，為了上帝的榮耀而彼此撰寫和編輯故事時，就最能在關係裏彰顯上帝。
- 我們每個故事都是福音，即最偉大故事的一部分。福音是我們的故事，也是我們所寫的全部內容的始和終。

我們被上帝召集，用故事來在地上撒種，然後收割從勞力得來的果實。我們的金子給了我們權力和地位。無論我們的金子有多少，也無論我們出現在哪段內容裏，我們都要參與同一個故事——栽培美善，除草，把收穫獻給上帝，跟祂一起為祂的榮耀而歡慶。

我們必須知道自己的袋子裏有多少金子，才能為我們的恩賜起名。我們大部分人在這個要求下畏縮不前，因為害怕驕傲自滿，或者，更坦白地説，害怕榮耀的份量。我們一旦承認擁有某些恩賜，就必須加以使用，而我們使用恩賜時，就難免引起嫉妒或遇上更大的困難。這也是上帝控制世界的規律。

由於我們的故事是用來彰顯上帝的，所以我們不能將之獨佔。我們一切的故事都屬上帝擁有，是用來反映真理的，因此，沒人有權這樣評論自己的故事：「這個故事太怪誕了，太痛苦了，太沉悶了，太可恥了，太混亂了，太陰暗了，因此我要把它埋藏起來。」我們一切的故事都要顯明出來，為的是彰顯上帝，並彼此連結。

不過，我們的故事不必向**每個人**講述，就算對方是親密的朋友。我們是自己故事的護衛，不應隨意地，而應謹慎地把故事作為禮物送給別人。這個禮物只能在適當的時間，為了適當的原因，送給適當的人。讓我舉個例子。

我跟妻子討論著如何使用一筆意外的退稅款。她希望能用來作矯齒手術。我不同意，因為好像把一大筆錢用在沒人注意的事情上。然後，她跟我講了一個故事。我不能把它轉告你，因為是私事。它是關於她在做實習教師時遇到的極大羞辱。我聽她講完了她的故事，流下淚來。我可愛而善良的妻子當時被一幫女生羞辱，我真想使她們為自己的殘忍行為而付上代價。然而，在沒聽這個故事之前，我很不願意用幾百美元去改變一件曾令我妻子羞辱的事情。

由此可見，故事有更新人心的力量。我同意了她做矯齒手術，接著問：「你怎麼以前沒跟我提過這事？」她說：「我需要二十二年才能在這件事上信得過你。」我既難過，又覺得很榮幸。為甚麼我要花這麼多年才能贏取她的信任？我們生命中的那個節期到底發生了甚麼事，使她確信我能謹慎地容納她的故事？

我們將永遠不能完全知道最親的人的故事。你與同事共事二十年，卻可能對塑造他們成形的最表面的往事都一無所知。無論如何，每一個送給我們的故事，每一個向別人講述的故事，都是珍貴的禮物，有可能在我們心裏播下種子，讓我們與上帝更親密。

故事的禮物

我將要講的這個故事其實是四個故事，它們圍繞著獨立卻重疊的軸線發展出來。這個故事跟所有故事一樣複雜，但很直接地指出一個真相：故事的禮物最終都把我們帶進上帝的故事的禮物中。

我跟一位好友談及她的女兒。我倆總是同病相憐地談論教養青春期女兒和從中學習成長的苦與樂。在這次交談中，她跟我提到女兒身上烙下的藝術創作。她先拍了一些身體的照片，然後把它們貼在她於手臂上刻印的十字架上。刀痕不算深，但是真的。那是暴力的印記，反映出她與自己身體和信仰的激烈爭戰。

已為人父的我聽了好友的描述以後，覺得毛骨悚然。青少年自殘的事件愈來愈多，我一想起如果她是我的女兒，自己將會怎樣，就覺得想吐，心裏很害怕。她的藝術創作是在刀鋒上。很多人會認為她這種舉動是「病態」的。然而，我了解這個女孩，知道她的爭戰不是徒然的。她的故事也許很黑暗，但我知道，她的內心有一種光明和生命力，是很多循規蹈矩之人的生命早已喪失了的。我迫不及待地想知道她那熱誠的烙印在她的故事中的意義。

但是，她的母親，也就是我的好友，卻放不下這個心裏包袱。她女兒的藝術作品很美麗，反映出她跟上帝的激烈摔跤——她從生命的黑暗中站起來，為自己的名字和召命而奮戰。她的母親喜愛她的作品，卻討厭當中的痛苦掙扎。要開創一種新的視角看生命，到底值得冒多大的險？我們總以為，藝術跟生命一樣，不應該是危險的，不應該為其流血。但是，真是這樣嗎？

我跟好友討論她女兒這種流血行為時，跟她說，這種舉動令我想起自己喜愛的一本小說：《我的名字是阿希爾．李維》（*My Name is Asher Lev*），作者是波圖卡（Chaim Potok）。她大吃一驚。這本小說也是她女兒的至愛。小說描述了一位猶太藝術家被虔誠的親友排擠在外，因為他不做拉比，卻選擇了藝術。更大逆不道的是，阿希爾．李維把耶穌的十字架畫在一幅作品裏，因為他覺得它表達了家族的痛苦之深。他違背了自己的宗教，藉作品來以身犯險，把自己放在家族的黑暗和宗教之外，為的是更深入地走進自己的信仰。在他身處的羣體中，沒人明白他的選擇，更談不上讚賞了。好友的女兒在向母親展示作品的那天，是在學校裏，她叫母親來校的時候，把這本小說也帶來。

一個故事（阿希爾．李維的故事）打開了關於另一個故事（女兒的危險創作）的話題。我和好友的對話，是在邀請她去跟女兒的選擇摔跤，讓她從新的角度思考女兒的危險創作。我覺得很榮幸，能參與這個揭露內情的過程。我把自己的財富拿了出來，而它已經開始收息了。

我跟好友臨別前，問她覺得我們之前跟另一位朋友的聚會怎麼樣。她說：「看見你倆頑皮的樣子，我也樂在其中。你們看上去充滿歡樂。」我笑了，因為我也覺得我們在一起的時候很調皮，很輕鬆。她接著說：「你們就像兩個男孩在溪水邊玩耍。」我的頭「嗡」的一聲，好像在高速公路上遇到車禍，後腦被撞。「你說甚麼？」她重複了自己的觀察。我開始覺得冰冷。

她的話打開了一個我從沒告訴過她的故事。我小的時候，跟一個朋友在溪水邊玩。我朋友蹚到了溪水的另一邊，我則留在原處。我們隔著溪水往前走，直到水深得我過不去溪水那邊。不久，兩個更大的男孩從樹林裏走出來，開始跟我朋友爭吵。我朋友叫我去幫他，我卻呆若木雞。那兩個男孩最後把我朋友打得遍體鱗傷，我卻站在遠處，驚怕得不敢前去幫他。那是我平生最懦弱的時刻，而「跟另一個男孩在溪水邊玩耍」的比喻令我戰慄。我和好友的對話就此打住，因為我有另一個約會。但是，我覺得這個故事還在纏擾著我。

那天的經歷使我意認到，我們如果身處故事羣裏，那麼，一個故事將撞醒別的故事。一個覺醒的故事如果處理得宜，將把一個人、一段關係、一個羣體帶往難以預知的方向。我們互相在彼此的故事裏投資，將獲得意想不到的利息。

我用了幾天來思考「兩個男孩在溪水邊玩耍」的影象。我不明白的全部意義。我只知道上帝在邀請我寫故事。以下是我的部分記錄：

> 我朋友在講溪水的時候，我呆若木雞。我能聽見那個男孩朋友的哭喊聲。我知道，我如果過去溪水那邊，就會挨打；如果跑掉，就以後永遠不能再面對他。我如果進入他的受刑裏，就會被痛打一頓。我眼看著罪案的發生，卻拒絕跟他一起受苦。
>
> 我在其他的友誼裏是否也常常不忠？自此之後，我遇見朋友被攻擊，就捨命地反擊，然而，我

> 願意回到孩童時，邀請朋友一起玩嗎？我可能可以對朋友忠誠，跟以前不再一樣，然而，我在那個恐怖的選擇中，願意邀請別人坐在我身邊嗎？

我不知道好友的一句話所揭示的到底有多深的意義，但是我確實知道，那個揭露出來的故事需要救贖。那個故事促使我問：「我將再跟別人一起玩嗎？」最令我不解的是故事的交錯。阿希爾．李維怎麼在我腦海裏浮現了出來？我是要在他的到臨中，聽見呼召，要去邀請新朋友一起去溪水邊，經歷危險、威脅信心的創作過程嗎？若是這樣，則這個故事網就令我既好奇又憤怒。我再一次被呼召，不但是要成為孩子，也是要尋找父親，因為祂可以保護我和朋友免被欺凌，可以幫助我理清內心的恐懼。我再一次被逮住了。

在別人故事裏的投資總會回到我們這裏，像回力鏢一樣，打在我們的後腦上。這種當頭棒喝幫我們看見，我們「像夢遊人一樣在現實的邊緣走動」。[6]我們愈清醒，就愈能在被呼召為別人寫的故事裏玩耍，並在別人代我們寫的故事裏玩耍。

我願意從受傷的雙手中接過我那部分的故事，並把眼淚和打爛的問題交給祂，邀請祂介入嗎？我願意把自己的故事融進福音裏，並向祂呼求嗎？我願意把自己破碎的故事作為禮物送給別人，讓他們品嘗、看清上帝的奇異和良善嗎？如果我願意這麼做，我收到的禮物將令我驚愕——上帝的故事將是我自己的故事。你的故事將是我的，我的故事將是你的，而我們都將成為祂的故事。

講述你的故事

你的故事要為了別人的益處而贈送出去，而別人的故事也本應對你有益。別人向你講述的哪些故事最能引起你的迴響？你在別人的故事中看見了上帝的哪些屬性？你在撰寫自己的故事並向羣體講述故事的過程中，更認清了自己的哪些屬性？

跋

你的故事跟我的故事一樣，將永不完結，就是到了天堂也不完結。不過，你的故事並不是週而復始地兜圈，而是具有不規則的切分音，那種停頓和節奏均無迹可循，並無章法可言。你的故事對於直線思考的頭腦來說，沒有意義，但仍與造物主的獨特標誌一起發光。我們在故事中找到自己，也常常找到上帝。在故事中，上帝顯明自己，邀請我們去看那不能看清的——那就是：祂存在著，並打算獎賞那些熱切尋找祂的人。

我們也在故事中找到別人，而在尋找的過程中，我們面對一張張把我們召集來看他或她的故事的陌生面孔。我們如果降服，並且問「你是誰？你怎麼來到這裏？你要往哪裏去？你為甚麼選擇離去？」的話，就將跳進故事的漩渦裏。我已同意去認識別人，也讓別人認識自己，並且意識到，我對自己和別人所知甚少；我也願意去冒險被別人認識。我迷失了，也許有一天會找到出路。

我們將怎樣完結？

我們不能否定故事的力量。奧普拉·溫弗蕾（Oprah Winfrey）對故事的認知，世上能及者不多。她邀請我跟她一起去南非，去告訴一些人他們是被愛的，我哭了。奧普拉把一位沉靜的僕人帶上台，讓她所喜愛的人向她致敬，我見證著這位謙卑的女士獲贈全新的小型休旅車、一整套行李，以及去紐約的行程，我從椅子上跳起來，大叫道：「孩子，你去吧！」奧普拉喜愛故事，這令我喜悅。

我們也不能否認，故事是私人的。我朋友法蘭克（Frank）是前洛杉磯警署的探員，找到了我生父的墳墓。我將在自己準備好之後去那裏。我現在還沒準備好。我必須先重讀一次阿伯爾·卡繆（Albert Camus）的《第一個人》（*The First Man*），才能準備好在生父的墓前跪下，痛哭一場。不過，我很感激法蘭克，他曾被黑幫射殺十三次，仍大難不死。他現在幫我記住了自己的名字，雖然我不明白上帝為甚麼把一名前警員和一名前毒販放在一起。

在馬斯希爾研究院，我們開始了新的工作坊和退修營，迎接願意跟故事節奏前進的人。那是另一項創作，另一種冒險。我為甚麼一方面因有太多夢想要餵飽而發愁，一方面卻胃口大開呢？很簡單，我無法餵飽對故事的飢渴。循著一個人的故事軌迹向前，可能使我走到邊緣，找到上帝。如能得見上帝面，這種追尋是值得的。

我們馬斯希爾研究院要在幾天內選出一位新的營運總監。我剛剛才能認清真相，原來我找營運總監並不及我找父親那麼熱中。在機構管理方面，這位候選領袖比我年輕，比我有智慧，我們的差距就像仙女座的星河那麼長。他將是位好朋友、優秀的同事，也很可能是位不稱職的父親。除了我的生父和繼父之外，沒人能成為我的父親，而他們都死去了，他們都在長眠黃土之前背叛過我。但是，我需要一位父親，一位有血有肉的爸爸——但沒人走過來。我在尋找一位無人能勝任的父親。但是，我活在天父的面前，仍難以否定我的渴望。

我等候祂的來臨，祂將透過故事來到。

引言

1. 基督徒慣於將此舉視為傳福音及門徒事工。然而，當我們這些信徒展開這些工作時，往往忽略了把上帝的故事跟福音對象的人生故事融合起來的重要性。

第一章

本章的題詞摘自J. R. R. Tolkien, *The Lord of the Rings*, single-volume edition（Boston: Houghton Mifflin, 1999）, 696。中譯本為：《魔戒三部曲》。

1. Tolkien, *Rings*, 696.
2. Tolkien, *Rings*, 696.
3. 創世記一章27節。
4. 對於我們大多數人來說，上帝是在故事中被禁止說對白，並且被忽略的一個。就算祂在舞台中央時，也被禁止發言，也沒有主角的實權。創造者本身竟然在祂的創造物中沒有地位，是多麼的奇怪！事實上，在你和我的故事中，上帝既是作者，也是主角。值得反省的是，我們在自己的故事中不給祂位置，也不讓祂發言，但祂卻一直在創造中讓我們發言。
5. 有關此論請參閱E. M. Forster, *Aspects of the Novel*（New York: Harcourt Brace Jovanovich, 1955）。

第二章

本章的題詞摘自Hélène Cixous, *Three Steps on the Ladder of Writing*（New York: Columbia University Press, 1993）, 130。

1. Leland Ryken, James C. Wilhoit, Tremper Longman III, and others, eds., *Dictionary of Biblical Imagery*（Downers Grove, IL: Intervarsity, 1998）, 582.
2. 創世記三十二章28節。
3. 啟示錄二章17節。
4. Bill George, "Why It's Hard to Do What's Right," *Fortune*, September 29, 2003, 95.

第三章

本章的題詞摘自Daniel Taylor, *Tell Me a Story: The Life-Shaping Power of Our Stories*（New York: Doubleday, 1996）, 125。

1. 創世記三十七章3至5節、18至20節、23至28節。
2. Robert McKee, "Storytelling That Moves People," *Harvard Business Review*, June 2003, 6. 蒙允摘錄。

第四章

本章的題詞摘自Franz Kafka, *Letters to Friends, Family, and Editors*, trans. Richard and Clara Winston（New York: Schocken, 1978）, 16。

1. 傳道書三章11節。
2. Margery Williams, *The Velveteen Rabbit*（New York: Bantam Doubleday Dell, 1922）, 5.

第五章

本章的引語摘自C. S. Lewis, *Till We Have Faces*（New York: Harcourt, 1956）, 249。中譯本為：《裸顏》。

1. 詩篇五十五篇12至14節。
2. 參見詩篇五十五篇5至8節。

第六章

本章的題詞Frederick Buechner, *Telling Secrets*（New York: HarperCollins, 1991）, 32。中譯本為：《說個恩典的祕密》。

1. 更多的論述見於Cleanth Brooks and Robert Penn Warren, eds., *Understanding Fiction*（Upper Saddle River, NJ: Prentice-Hall,

1979）, 178。

2. 以賽亞書一章11及17節；參考《新標點和合本》譯文，按英文原書所引譯本稍作修改。
3. 阿摩司書五章21至24節；參考《新標點和合本》譯文，按英文原書所引譯本稍作修改。

第七章

本章的題詞摘自Hélène Cixous, *Stigmata: Escaping Texts*（New York: Routledge, 1998）, 53。

1. 箴言十六章1至4、9、33節；按英文原書引用譯本翻譯。

第八章

本章的題詞摘自Anne Lamott, *Bird by Bird: Some Instructions on Writing and Life*（New York: First Anchor, 1995）, 26。

第九章

本章的題詞摘自Dietrich Bonhoeffer, *Creation and Fall/Temptation: Two Biblical Studies*, trans. John C. Fletcher and Eberhard Bethge（New York: Macmillan, 1959）, 38。

1. 約翰福音六章53至54節。
2. 創世記十六章7至8節。
3. 參見希伯來書十二章5至6節。
4. 參見約書亞記四章1至7節。
5. 約書亞記四章6至7節。
6. 參見撒母耳記下七章。
7. Elaine Martin的"Hap-pea"，節略自www.mcilwain.org//mgam.hkm，2003。

第十章

本章的題詞摘自Kathleen Norris, *The Cloister Walk*（New York: Riverhead, 1996）, 295。

1. 參見羅馬書八章26節。
2. 詩篇一百三十九篇23至24節。
3. 路加福音十八章10至13節。
4. 參見馬太福音十八章20節及帖撒羅尼迦前書五章17節。
5. 上帝後悔的例子可見於：撒母耳記上十五章11節、28至29節、35節；

耶利米書十八章7至8節，二十六章1至3節及約拿書三章10節。上帝後悔的事實把事情弄得一發不可收拾。聖經怎麼能把上帝形容得有違於其至高無上的形象呢？

然而，布魯斯·戴馬雷斯（Bruce Demarest）在丹佛神學院（Denver Seminary）的網上刊物上寫道：「一方面，聖經清楚地教導我們，上帝是主宰，是全能、全知、天上的統治者，真實地與祂的受造物相關連，與他們一起受苦。另一方面，聖經也肯定地指出，人在心理上能自由地選擇並採取行動，同時承擔個人後果。這方面的例子可見於約瑟的經歷（創四十五5～8），塞魯士下詔允許被擄的以色列民回歸故土（拉一1～4），及上帝的定旨和先見把耶穌釘在十字架上殺了（徒二23）。在這些情況下，人自由地行動，並承擔個人的後果，成就上帝預定的旨意。這兩端——上帝的絕無過錯的旨意和人的真實的自由——在上帝的意念中匯聚在一起，但在人有限的思想裏仍是矛盾或小反對關係。」（vol. 7, 2004, www.denverseminary.edu/dj/articles2004/03001/0301.php，蒙允使用。）

我很同意他的說法。不過，這個問題仍關係到對明晰、精確的要求，而故事卻很少有這個要求。這是一種矛盾。這使我們人類的有限思維很困惑。也許這是原著者（也就是上帝）的意圖。故事的矛盾邀請我們進入故事的影子裏，促使我們盡力挖掘，並邀請我們在挖掘的深處，面對著無法理解的一切，戰兢發抖。

6. 參見出埃及記四章10至14節。
7. 參見民數記二十三章19節；撒母耳記上十五章29節；瑪拉基書三章6節；雅各書一章17節。
8. 參見詩篇一百三十九篇16節。
9. 哥林多後書四章17節。

第十一章

本章的題詞摘自本書作者與Heather Webb的私人通信，信中提述了她對禁食的看法。

1. 創世記五十章20節。約瑟的兄弟賣他為奴，並謊稱他已死掉，以掩飾他們的背叛行為，面對這些兄弟，約瑟說了這句話。上帝巧用他們的背叛和欺瞞來保住約瑟的性命，繼而拯救了雅各的整個家族，因而也拯救了整個以色列國。
2. 參見以賽亞書五十章。
3. 上帝的聖靈的位份，跟上帝的聖父的位份一樣，是不分我們所理解的性別的。因此，可以說，聖靈是所有人的情人，不僅僅是有能力向男人、女人和孩子們示愛。換句話說，聖靈完全能夠吸引並深愛我們每一個人。

4. 以弗所書四章17至20節。
5. 路加福音二十二章15節。
6. 參見路加福音十五章浪子回頭的比喻。
7. 以賽亞書五十八節6至11節。

第十二章

本章的引語摘自Lewis Hyde, *The Gift: Imagination and the Erotic Life of Property*（New York: Random House, 1979）, 146。

1. 腓利門書17至19節。
2. 見路加福音十六章。
3. Gabriel Marcel, *Homo Viator: Introduction to a Metaphysics of Hope*, trans. Emma Crauford（Gloucester, MA: Peter Smith, 1978）, 25.
4. 馬太福音二十五章22至28節；按英文原書引用經文譯本翻譯。
5. 腓立比書二章3至4節。
6. Marcel, *Homo Viator*, 22.

靈修著作精選

重整靈性生命，陶冶完善人格。

尚待揭曉——與上帝一起編寫你的未來
To be Told: God Invites You to Coauthor Your Future
艾倫德（Dan B. Allender）著／陳永財 譯／HK$88

靜修靈旅——在靜默和歌聲中默想聖經
Seeds of Trust: Reflecting on the Bible in Silence and Song
泰澤（Taizé）著／陳翠婷 譯／即將出版

把難處變為優勢——作蹣跚的領袖
Leading with a Limp: Turning Your Struggles into Strengths
艾倫德（Dan B. Allender）著／陳永財 譯／HK$93

把難處變為優勢——作蹣跚的領袖（習作本）
Leading with a Limp Workbook: Discover How to Turn Your Struggles into Strengths
艾倫德（Dan B. Allender）、鮑爾（Matthew D. Baugher）著／陳永財 譯／HK$53

當我所愛的人離去了——如何在至愛離世後重新生活
Traveling through Grief: Learning to Live Again after the Death of a Loved One
蘇珊・索納貝爾提（Susan J. Zonnebelt-Smeenge）、羅伯特・德弗里斯（Robert C. DeVries）著／蔣雅利 譯／HK$63

點・閱——畢德生的藏書閣
Take and Read: Spiritual Reading: An Annotated List
畢德生（Eugene H. Peterson）著／陳永財 譯／HK$73

與神同誦——靈閱的意義與實踐
Reading with God: Lectio Divina
大衛・福斯特（David Foster）著／陳永財 譯／HK$78

與神相遇——認識親近神的心靈路徑
Sacred Pathways: Discover Your Soul's Path to God
加里・托馬斯（Gary L. Thomas）著／陳永財 譯／HK$78

信靠，就是這麼簡單！
The Incredible Journey of Faith
雷・普里查德（Ray Pritchard）著／魏詩韻 譯／HK$48

我掙扎・我成長
Spirituality of Struggle: Pathways to Growth
安德魯・梅斯（Andrew Mayes）著／李麗詩 譯／HK$58

祂為愛走過——365天靈修精選
His Passion
奧古斯丁、馬丁路德 等著／陳永財、黃東英 譯／HK$98

寧靜源——給你的退修指引
Soul Space: Making a Retreat in the Christian Tradition
希芙(Margaret Silf)著／石彩燕 譯／HK$58

誠心所求——實踐禱告生活的指引
How To Pray: A Practical Handbook
約翰・普禮查特(John Pritchard)著／胡燕青、何雋 譯／HK$63

帶著愛上路——讓傷痛得以痊癒的默想小品
As I Journey On: Meditations for Those Facing Death
莎倫・達迪斯(Sharon Dardis)、仙蒂・羅傑斯(Cindy Rogers)著／黃東英 譯／HK$58

我以詩篇來禱告
Praying the Psalms
梅頓(Thomas Merton)著／蔡錦圖 譯／HK$38

挪移大山的禱告
Prayers to Move Your Mountains: Powerful Prayers for the Spirit-filled Life
卡拉遜(Michael Klassen)、弗爾靈(Thomas Freiling)著／吳世芳 譯／HK$93